KB124893

코스톨라니의
투자노트

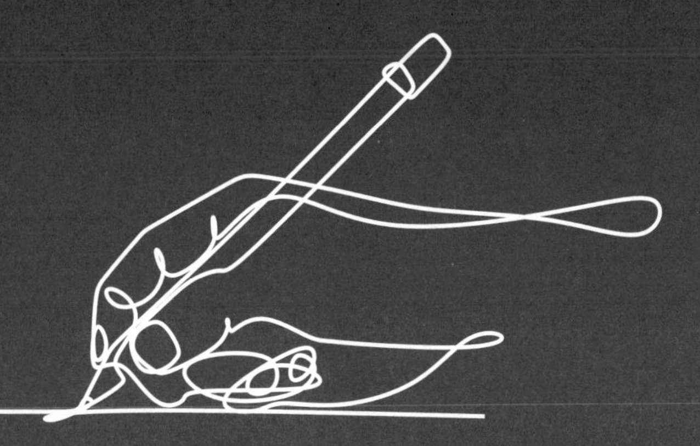

코스톨라니의 투자노트

앙드레 코스톨라니 지음
한윤진 옮김

[일러두기]

본문 주는 모두 저자의 것입니다. 역자 주는 각주로 구분했습니다.

/ 목차 /

Chapter 4

음악이야말로 나의 세계

Chapter 5

영원한 예술을 위한 'Cash on the table'?

Chapter 6

단골 커피숍에서의 담화(II)

Chapter 7

소송과 유언비어

/ 서문 /

누구의 주인도 하인도 아닌 그런 사람
그게 좋고, 옳으니까

이 책은 그때마다 불현듯 떠오른 생각이나 묘안을 손에 잡히는 종잇조각, 식당 영수증, 종이 냅킨, 티켓 뒷면 등에 기록해 놓은 메모를 모아 편찬한 것이다. 항상 세상을 뜨겁게 달구는 일을 분석하고 장단점을 비교하는 성향을 지닌 탓에 때로는 돈, 경제, 정치 문제가 포함되기도 한다.

지인들은 내게 쉴 틈도 없이 항상 바쁘게 움직이면서도 도대체 어떻게 책이나 칼럼을 쓰고, 세미나를 열고, 은행에서 강연할 시간을 내느냐고 묻곤 했다. 솔직히 그런 건 전혀 문제가 되지 않는다. 내가 해야 하는 일, 다시 말해 숙고하고 사색하는 일은 장소에 구애를 받지 않기 때문이다. 비행기 혹은 열차 안에서도, 욕조

나 흔들의자에서도 그리고 음악을 듣는 순간에도 얼마든지 가능하다. 다만 관건은 떠오른 묘안이 흩어지기 전에 곧장 기록해 두는 것이었다. 이 책은 그렇게 탄생했다.

저자를 누구라고 해야 옳을까? 이 책에서 날 어떻게 소개해야 할지, 내가 여기서 맡은 역할이 무엇인지 나 역시 정확히 알지 못했다. 솔직히 말해서 명확한 답을 내리기가 몹시 어려웠다.

내가 태어난 곳은 봉건적인 국가였다. 난 그곳에서 수학했고 부다페스트 대학교에서 역사와 미술사를 전공했다. 금융 분야를 처음으로 접한 곳은 19세기 자본주의국가인 프랑스 파리의 증권가였다. 고등교육은 현대 자본주의의 중심지인 월 스트리트(Wall street)에서 마쳤다. 나의 국적 역시 몹시 복잡했다. 헝가리 국민으로 출생했지만 미국 시민권자가 되었고, 프랑스 레지옹 도뇌르 훈장을 수여받은 기사이며 지금은 전 세계 10개 도시에 자택이 있다.

나는 여러 언어를 사용한다. 신께는 헝가리어, 친구들과는 불어, 제자와 독자들과는 독어, 금융권 관계자들과는 영어 그리고 숙녀와는 꽃의 언어를 사용한다. 부다페스트에서 아버지는 산업 분야에서 일했고(지금 살아 계셨다면 120세일 것이다), 언제나 음악을 사랑한 어머니는 딜레탕트[1]셨다. 만약 어머니가 자식에게 전념하며 헌신하지 않았다면 아마 미술과 글쓰기 분야에서 엄청난 재능을 발휘했을 것이다. 그 밖에 친밀한 관계인 형제, 누이, 사촌 그리고 조카들이 전 세계에 곳곳에 흩어져 살고 있다.

내 자리는 어디일까? 주식 전문가들에게 난 저널리스트이고, 증권가에서는 기껏해야 아웃사이더에 높게 쳐 줘도 정신이 좀 이상한 사람에 불과할 것이다. 그러나 아마도 지금까지는 좀 잘나가는 정신 나간 사람이 아니었을까?

오스트리아-헝가리 제국이 무너진 후, 후계 국가가 상속받은 통화와 화폐에 끊임없이 스탬프를 찍고, 돌려 찍고, 또 찍던 혼란이 난무하던 그 시절 난 11년간 외환 트레이더로 활동했다. 이 엄청난 대혼돈 속에서 첫 실무를 경험했다. 내 인생은, 즉 지난 60년 동안의 인생은 증권가와 밀접한 관계를 맺고 있었다고 할 수 있다. 금융시장을 강타했던 여러 지진과 홍수에도 살아남았고, 증권가 덕분에 (물론 그럴 의사만 있다면) 편안한 은퇴를 누릴 수도 있게 되었다(하지만 그랬다면 지금 여러분의 손에 이 책이 들려 있지 않았으리라).

1 문예애호가

동료들에게 난 주식 전문가가 아닌 저널리스트로 남았다. 나는 정확히 그 부분에 자부심을 느낀다. 무엇보다 저널리즘이 최고의 직업이라 생각하기 때문이다.

언론은 날 그들의 일원으로 인정하지 않았다. 기껏해야 '초빙 근무자' 정도였을까? 독자층만 해도 수백만 명에, 지금껏 글과 깃펜으로 자유경제 시스템을 좀먹는 해충과 상어에 힘껏 맞서 왔지만 이렇다 할 상 하나 받지 못했다. 25년 전에 드골(de Gaulle) 장군이 내 '저널리즘 활동'에 명예 기사 훈장(Legion d'honneur)을 수여하긴 했지만 말이다. 당시 난 대형 일간지 《Paris Presse》의 외교정책 해설가로 활동하고 있었다.

호언장담하건대 금융계에서는 내가 전반적인 이익에 해가 될 거라 확신할 때마다 얕보는 눈빛으로 날 흘겨봤다. 그러면서도 그들은 날 청중들이 밀집한 강연에 초청하곤 했다.

대학 교수들도 공식적으로는 내 발언과 명제를 빙그레 웃어넘기기 일쑤였지만 그러면서도 지대한 관심을 보이며 내 세미나를 찾은 수천 명의 방청객 혹은 유수한 대학 강연에 참석한 학생들처럼 내 말을 주의 깊게 들었다. 물론 내가 대학에서 경제학을 전공하지 않았다는 건 인정한다. 그러나 훨씬 많은 수업료를 치러야만 했던 정글에 내내 있었다. 어찌 보면 그게 행운이었는지도 모르겠다. 그 덕분에 온전히 편견 없는 자세로 객관적인 분석을 할 수 있었다.

기업인들은 1년에 한 번 결산을 해야 한다. 나 역시 이 책을 통해 처음으로 내 인생의 결산을 내며 스스로 묻고 싶었다.

"코스토, 네가 살면서 잘한 건 뭐야? 그리고 잘못한 건?"

만약 내가 주식 전문가로만 남았더라면, 지금 난 전화기와 최첨단 컴퓨터가 수십 대 세팅된 월 스트리트의 우아한 사무실에 앉아 몇 시간이고 초조해 하는 고객을 응대하며 15분마다 오르락 내리락하는 주식 차트를 응시해야 했을 것이다. 그런 소란 가운데에서 주변을 뜨겁게 달구는 핫 이슈를 꿰뚫는 명확한 시야를 확보하기란 불가능하다.

만약 학업을 마친 뒤 저널리스트가 되었더라면 어땠을까? 본래 난 저널리스트가 좋은 직업이라 생각했고 솔직히 장래 희망이기도 했지만 정말 그 길로 갔다면 천금, 만금의 가치를 지닌 지금의 값진 경험을 얻지 못했을 것이다. 아마 편집실에 틀어박힌 채 부수적으로 관심을 두던 혹은 아무것도 모르는 분야의 기사를 작성하는 데 몰두하고 있었을 것이다.

대학교수직을 선택했더라면 이렇게 세계 곳곳을 누비며 수백만 명의 사람을 만나는 인생을 사는 대신 어느 지방 소도시의 강단에 묶여 있었을 것이다. 뉴욕, 런던, 파리, 뮌헨, 리비에라 그리고 부다페스트까지. 지금은 이곳 전부가 나의 세상이다. 또 소위 경제 전문가가 되었더라면 내 조언 한마디에 실제로 기업의 수익률이 향상되었는지를 매번 지켜보며 벌벌 떨어야만 했을 것이다.

솔직히 생각만 해도 싫다! 차라리 히피가 되거나 순회하며 설교하는 목사가 되어 그 무엇에도 얽매이지 않고 그저 옳다고 생각하는 모든 것에 대해 쓰고 말할 수 있는 사람이 되고 싶다. 누군가의 치부를 찌르는 한이 있더라도 말이다.

"누구의 주인도, 하인도 아닌 그런 사람, 그게 좋고, 옳으니까!"

많은 이에게 나는 광대일 것이다. 난 진실을 말할 용기를 지녔다. 때때로 저명한 전문가들이 신뢰하지 않을 농담에 담아서라도 난 진실을 말할 것이다.

그런 날 가끔씩 좌절하게 만드는 건 마음의 상처뿐이다. 내가 정규교육을 받은 진짜 음악가가 아니라 사실은 음악광에 불과하다는 상처 말이다. 물론 음악과 예술을 향한 내 열정이 경제와 증시를 고찰하는 데 도움이 된 건 사실이지만.

내가 남긴 짧은 메모와 기록이 젊은 주식 전문가, 외환 딜러 혹은 저들과 유사한 '악당'에게 유용한 지침서로 활용되기를 바란다. 또 나이 지긋한 대선배이자 국제증권가의 마지막 모히칸인

나의 조언을 가슴 깊이 새기기를 소망한다. 주식과 아무 관련이 없는 독자일지라도 수년간 내 노트에 쌓인 이야기와 일화가 일정 부분 깨달음을 선사할 거라 확신한다.

뮌헨/파리, 1983년 여름

앙드레 코스톨라니

Chapter 1

도리언 그레이의 초상

André Kostolany

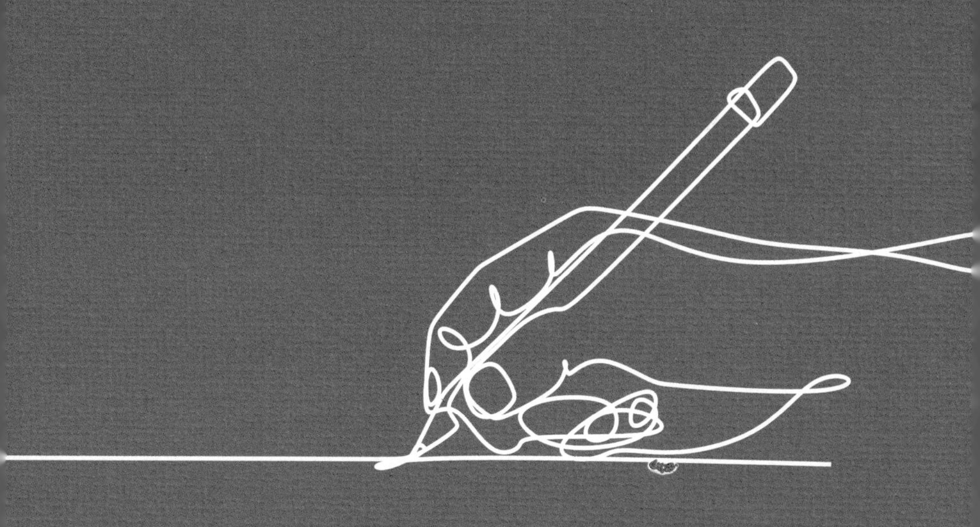

너무 아낀 것 같기도 하군

가끔씩 다양한 활동으로 벌어들인 내 수입을 알게 된 동료들이 실실 웃으며 도대체 그 '많은' 돈으로 뭘 하는지 묻곤 했다. 이상한 건 운이 따른다면 그보다 10배를 웃도는 수익을 거두기도 하는 투자로 번 돈에 대해 묻는 사람은 없었다—물론 그리 많이 벌지는 못했다—. 그들은 내 수중에 있는 돈이 일해서 번 돈이라 믿어 의심치 않는 것 같았다.

옛 지인의 이야기가 떠올랐다. 꽤나 부유했던 그는 노련한 바람둥이였다. 또한 열정적인 펜싱선수였는데 어느 한 스포츠 모임에서 뛰어난 펜싱 실력을 지닌 젊은 남성을 알게 되었다. 그는 청년에게 자신의 집으로 와 펜싱 트레이닝을 해 줄 의향이 있는지 물었다.

"이를테면 월요일은 어떤가?"

"안 됩니다."

"화요일, 수요일 아니면 목요일은?"

"아뇨, 그것도 힘들겠어요."

"어째서지?"

다소 놀란 음성으로 지인이 물었다.

"일해야 합니다. 하우프트만 씨."

"일이라? 내 제안보다 그리 좋을 리가 없을 것 같은데."

청년의 말에 친구가 대답했다.

하우프트만은 재치 있지만 꽤나 괴짜 같은 구석이 있었다. 어느 날 페어플레이 정신에 너무 몰입한 나머지 앞뒤도 재지 않고 젊은 상대 펜싱선수에게 똑같이 말을 놓으라고 제안했다. 그러자 청년이 대뜸 대답했다.

"하우프트만, 고맙네."

그 말을 들은 노신사는 곧바로 깨달았다.

"우리가 너무 말을 아낀 것 같기도 하군."

나는 생각한다, 고로 나는 존재한다

"나는 생각한다, 고로 나는 투기꾼으로서 존재한다(Cogito, ergo sum homo speculator)."

난 주식투자자다. 그것이 직업이라 할 수 있을까? 아니, 그건 운명이다. 정말 우연한 계기로 난 파리 증권가(Pariser BOURSE)라는 커다란 증권시장에 낙하산을 타고 착륙했다. 우연이었을까, 아님 운명인 걸까?

무슈 알렉산더 K.

1920년대 초 파리, 아버지는 부다페스트에서 함께 수학한 무슈 알렉산더 K.와 재회했다. 수백만장자인 아버지의 지인은 파리 금융시장에서 막강한 힘을 행사하는 대단한 자산가였다. 한참 옛 추억을 나누던 아버지는 가족 소식을 전하는 도중에 막내아들인 앙드레가 아직 부다페스트 대학에서 철학을 전공 중이라는 말을 꺼냈다.

"말도 안 돼."

아버지의 말에 아버지의 친구, 알렉산더는 그렇게 반응했다.

"설마 시인이 되려는 건 아니겠지? 그러지 말고 그냥 내가 있는 파리로 보내게. 아이에게 훨씬 좋은 학교가 될 테니까."

그날 알렉산더는 아버지에게 두 가지를 조언했다. 앞선 조언과는 확연히 성격이 다른 내용이었다. 먼저 아버지의 지인은 앞으로 프랑스 화폐, 프랑이 하락할 것이니 눈여겨보고 있다가 투자하라고 조언했다. 모든 정보를 취합한 금융계의 견해는 확고했다. 이제 와서 하는 말이지만 두 번째 조언은 정말 선견지명이었다고 또 한 번 강조할 수 있다. 그 결과가 바로 이 책이니 말이다.

첫 번째 조언 역시 조금 더 자세히 설명할 필요가 있다. 프랑에 관한 막대한 투자를 둘러싼 이 사건은 그로부터 55년이 흐른 후 나와 내 학생들, 독자들에게 특정 사건의 진행 상황을 예측하는 투자자의 방식과 실제로 그것이 어떻게 적용되는지 그 과정을 두 눈으로 확인하는 실사례로 자리매김했다. 당시 독일제국, 오스트리아-헝가리 제국이 제1차 세계대전에서 패전하면서 대혼란이 찾아왔다. 그로 인해 인접 국가를 비롯한 중앙유럽 전역에 시커먼 먹구름이 드리웠다. 생산 없는 인플레이션, 빈곤, 실업으로 식료품점 앞에 꼬리를 문 줄은 나날이 길어졌다. 밤낮으로 화폐를 찍어 냈지만, 날이 갈수록 화폐 가치는 하락했으며 매시간 물가가 껑충 뛰어올랐다. 오전에 5만 마르크[2]였던 바지가 오후에는 10만 마르크로 가격이 올랐다. 당시 독일에 머물던 난 여러 도시를 여행하면서 하루에 1달러로 생활했다. 당시만 해도 달러화가 최고였다. 모든 것이 미국 통화 중심으로 움직였고, 날마다 부다페스트를 뜨겁게 달구는 화제는 달러 환율이었다.

몇몇 인플레이션 투자자는 수백만, 수십억 달러를 벌었다(물론 현찰로!). 그들은 끌어올 수 있는 신용 범위 내에서 대출을 받아 그 동네 집이든, 차량 열 대 분량의 칫솔이든 모조리 사들였다. 당시에는 조금이라도 사업 욕심이 있는 사람이라면 어느 정도 부채를 감당하며 투자하는 것이 꼭 지켜야 하는 지상명령 같았다.

그러던 어느 날 마침내 실용역사 연구에 획을 그은 그 사건이 벌어졌다. 그 결과를 야기한 원인과 책임을 논하자면 족히 몇 시간은 토론 가능한 세계사의 대재앙, 바로 히틀러의 등장이었다.

2 독일의 화폐 단위다. 2002년 2월 28일부로 통용이 중지되었다. 다만 현찰로 가지고 있는 마르크화는 유로화로 교환이 가능하다.

카스틸리오니와 만하이머가 끄는 이륜마차

그 전에 1920년대를 조금 더 살펴보자. 중앙 강국의 통화가 폭락한 후 투기꾼들은 새로운 먹잇감의 냄새를 맡았다. 바로 프랑스 화폐, 프랑의 붕괴였다. 앞서 말했듯이는 확정된 사안이었다. 프랑스는 비록 전쟁에서 승리했지만 그 과정에서 과도한 출혈을 감수해야 했다. 사상자만 해도 수백만 명에 이르렀고 많은 도시가 황폐해졌으며 국가 재정도 총체적 난국인 심각한 상황이었다. 독일 슈투트가르트 출신으로 대담한 투자자였던 프리츠 만하이머(Fritz Manheimer) 박사는 베를린에 본부를 둔 멘델스존 은행(Mandelsohn und Co.)의 암스테르담 지점을 내고 그곳을 이끄는 최고 금융가로 유럽 금융계에서 가장 큰손으로 평가받았다.

만하이머는 인플레이션 투자계의 제왕이라 불리는 카미오 카스틸리오니(Camillo Castiglioni)가 '오스트리아 슈틴네스(Stinnes)'라 이름을 붙인 빈의 큰 축제에 초청을 받았다. 트리에스트 출신으로 랍비의 아들이자 타이어 제조기업 젬페리트(Semperit)의 옛 매각자인 카스틸리오니는 앞서 오스트리아 인플레이션으로 수십억의 수익을 거둔 터라 마르크와 오스트리아 헝가리 제국의 화폐가 그랬듯이 이제는 프랑스 화폐, 프랑이 폭락할 차례라 확신했다. 결국 확신이 서린 자신의 주장과 타당성으로 만하이머 박사를 설득해 낸 카스틸리오니는 얼마 후 빈과 암스테르담의 여러 은행가와 투자자들을 규합하고 신디케이트를 설립했다. 전문 언론의 지원사격을 받아 각국의 금융기관에서 프랑스화의 신용도를 하락시키고 공격하기 위해서였다.

날로 하락하는 프랑의 시세

그렇다면 통화 공격이란 어떤 의미일까? 그건 해당 통화로 막대한 대출을 일으킨 후 그 자금을 런던, 취리히, 암스테르담 등의 모든 금융가에 제공하는 것을 말한다. 거기에 활용 가능한 과대 선전, 신문 기사, 입소문 등을 전부 동원한다면 어떻게 될까?

우선 통화가 (초반에는) 서서히 하락하며 대중 사이에 비관론이 퍼지기 시작한다. 그 연쇄반응으로 공포감이 조성되고, 결국 프랑 예금을 던져 버리는 결과로 이어진다. 이에 채권자는 공황 상태에 빠진 환경을 이용해 몹시 낮은 시세로 해당 통화를 매입한다. 정확히 그와 동일한 접근 방식 혹은 어찌 보면 동일한 전략이라 일컬을 수 있는 사건이 1970년대 말, 1980년대 초반 부진했던 카터 행정부 아래 미국 달러화를 강타했다.

카스틸리오니-만하이머가 이끄는 이륜마차는 몹시 성공적이었다. 프랑화의 환율은 나날이 곤두박질쳤고, 유럽 전역의 투자자들이 프랑화의 매도로 돌아선 덕에 카스틸리오니는 점점 더 큰 부를 쌓을 수 있었다.

이 옛 젬페리트 매각인에 관한 그나마 좋은 소식을 전하고자 나는 그가 문화생활 부문에 기여한 공로를 찾아보았다. 이를테면 카스틸리오니는 시대를 막론한 최고의 연극인이자 잘츠부르크 페스티벌의 창시자인 막스 라인하르트(Max Reinhardt)를 후원했다. (당시 세상을 할퀸 인플레이션의 상처는 현재 잘 아물었고, 축제극은 여전히 번창하고 있다.)

프랑화는 점점 몰락했다. 프랑스 정부는 자국 통화의 신뢰도가 완전히 무너지기 전에 어떻게든 손을 써 보려 최선을 다했지만, 이런 정부의 조치마저 차례대로 실패하며 프랑의 가치는 나락으로 추락했다. 지금도 당시 프랑스를 지배하던 암울한 분위기가 마치 어제 일처럼 생생하다.

1926년 친독 성향의 정치인이자 시장인 동시에 리옹의 학자이자 음악과 베토벤을 연구하는 석학인 에두아르드 에리오트(Eduard Herriot)을 선두로 한 좌파 연합이 선거에서 승리했다. 매우 뛰어난 지식인인 재무장관, 아나톨 드 몬지(Anatole de Monzie)는 의회에서 다음과 같이 연설을 시작했다.

"여러분, 국고가 텅 비었습니다!"

프랑스 의회를 비롯한 전국이 충격에 휩싸였다. 최저점을 뚫은 프랑화는 날마다 추락했고, 그건 정부도 매한가지였다. 국회에 항의하는 대규모 시위와 외국인 혐오—프랑스 역사에 자주 있었던 것처럼—가 솟구쳤다.

"이방인들이 우리나라에 와서 우리가 먹을 빵을 빼앗고 있습니다!"

예전부터 팽배했던 진부한 노래였다. 격분한 사람들은 관광버스에 돌을 던졌고, 외화를 상영하는 극장 창문은 금이 가고 부서졌다. 공황 상태에 사로잡힌 프랑화는 사망 직전이었다.

구원자

때때로 '외환 괴물'이라고 부르고 싶은 마음이 절로 들고, 또 실제로 이 책에서 그렇게 언급한 외환 딜러들이 숨죽이며 주목할 만한 사건이 갑자기 벌어졌다. 소문의 출처는 엘리제 궁전이었다. 레몽 푸앵카레(Raymond Poincaré)가 국무

총리 겸 재무장관에 임명된 것이다. 그 후로 외환시장의 차트는 1분마다 요동쳤다. 푸앵카레가 프랑스 애국심과 미덕의 상징이나 진배없는 인물이었기 때문이다.

재미없는 법조인 출신인 푸앵카레는 주변을 압도할 정도로 유능한 인재는 아니었지만, 엄격한 도덕주의자이자 열렬한 애국자이며 로렌 지역 특유의 뚝심이 강한 사람이었다. 훗날 세계대전이 발발한 후 푸앵카레는 프랑스 대통령에 선출되었다. 맹렬한 독일 혐오주의—당시는 프랑스인이 갖춰야 할 필수 미덕에 포함되었다—는 말할 것도 없었고, 뉴욕 금융권의 JP 모건(John. P. Morgan)에서 1억 달러 차관을 성공시키는 눈부신 활약을 보였다.

그 이후는 마치 마법 지팡이를 한 번 휘두른 것처럼 상황이 급변했다. 이번에는 하락장에 투자했던 투자자들이 큰 타격을 입은 것이다. 하락장 투자자들은 어떻게든 프랑화 채권을 갚으려고 아우성쳤다. 그 당시 프랑화로 부채를 끌어온 사람들은 허락하는 한 최고 한도까지 대출받았다. (도자기 공장을 설립한 지인은 수백만 프랑에 달하는 어마한 부채가 있었다. 어쩌다 그렇게까지 되었던 걸까? 그 이유는 공장 전체를 신용으로 지은 탓이다.) 그때부터 프랑 가치는 나날이 천정부지로 솟구쳤고, 증시에 쏟아지는 대규모 매도 계약으로 해외 주식(금광, 석유 등) 시세마저 죽을 썼다. 유럽 전역의 투기꾼들은 소량이든 대량이든 신용으로 프랑에 적대적인 해외 주식을 사들인 상황이었다. 그들은 어떻게든 부채에서 벗어나려 아우성쳤다. 결국 파산한 주식투자자가 수천에 이르렀고, 프랑스를 대표하는 몇몇 대기업(백화점, 수출 기업 등)마저 수억 프랑에 달하는 채무로 재정 상태가 심각한 지경에 이르렀다. 불과 1년 만에 프랑화는 가치가 무려 100퍼센트나 상승했고, 프랑스 중앙은행은 결국 수출 문제로 인위적으로 환율을 낮추는 강수를 둬야만 했다.

이는 프랑스 재정 역사에서 '프랑화의 마른(Marne) 전투'로 길이 회자될 만한 사건이었다. 빈의 모든 기업, 프라하 기업의 절반 그리고 부다페스트는 물론 암스테르담까지도 도산한 기업이 넘쳐났다. 원래대로라면 나의 아버지도 막대한 손실을 몰고 온 이 엄청난 해일에 망연히 휩쓸렸겠지만, 다행히 앞서 언급한 지인 조언으로 막대한 손실을 피할 수 있었다. 그렇게 아버지 친구의 제자가 되기로 결정한 난 파리 증시로 건너가 내 인생을 좌우할 수습 기간을 보냈다.

기적을 믿지 않는 사람

1926년, 심각한 재정 붕괴를 목전에 둔 프랑스를 구한 레몽 푸앵카레가 진두지휘한 프랑화 전쟁은 훗

날 '마른의 기적'으로 역사에 기록되었다. 심지어 프랑스인들은 이 사건을 1914년 9월 9일 제1차 세계대전을 촉발한 마른 전투와 동급으로 평가했다. 지금까지 이런 마른의 기적은 몇 차례나 일어났다. 제2차 세계대전뿐만 아니라 경제사에서도 프랑스는 "기적을 믿지 않는 자는 진정한 현실주의자가 아니다"라는 이스라엘 총리, 다비드 벤 구리온(David Ben Gurion)의 말을 제대로 터득한 것 같았다. 물론 근본적으로 숙고해야 할 진지한 주제이긴 하지만 그렇다고 이렇게 아무런 재미없이 심각한 분위기로 마무리하는 건 원하지 않는다.

이쯤해서 자신의 제자에게 어떻게든 '기적'이라는 개념을 설명하려 노력한 어느 한 선생의 재미난 에피소드를 덧붙이고자 한다.

"한 남자가 3층에서 떨어졌어. 그런데 조금도 다치지 않았다고 가정해 보자. 그걸 뭐라 하겠니?"

선생님이 질문했다.

"행운이요."

어린 모리츠가 대답했다.

"그러다 3층에서 또 떨어졌는데, 이번에도 아무 일이 없었다면?"

"우연이죠."

학생은 곧장 대답했다.

"좋아, 좋아."

의도한 대답을 듣지 못한 선생님이 계속 말했다.

"하지만 만약 세 번째에도 그런 사고가 일어났는데, 여전히 다치지 않았다면 말이다. 그런 상황은 어떻게 설명할 테냐?"

"에이, 그건 훈련 때문이죠, 선생님."

모리츠의 답변은 간결했지만, 몹시 논리적이었다.

올가미 밧줄을 든 카우보이

외환 딜러들이 곧 달러가 폭락할 거라 확신하던 그 시절, 앞서 있었던 '프랑화의 마른 기적' 사건을 내가 어찌 떠올리지 않을 수 있었겠는가! 레몽 푸앵카레는 아니지만 미국에도 로널드 레이건(Ronald Reagan)이라는 새로운 인물의 등장으로 전환점이 시작되었다. 사람들은 레이건이 배우이자 카우보이라고 말했다. (정치를 이해할 자격을 지닌 사람이 정말 교수와 공무원 혹은 노동조합 지도자뿐일까?) 영화배우도 지성인이 될 수 있느냐고 물은 내 질문에 대답한 건 할리우드에 능통한 전문가였다.

"물론이죠. 다만 그 후에는 더는 영화배우로 남지 않겠지만요."

그의 말처럼 로널드 레이건은 더는 영화배우로 남지 않았지만, 그가 던진 올가미 밧줄로 달러화를 단단히 움켜쥐고 통제했다.

직업보다는 소명

사실 난 사람들이 소위 직업이라 부를 만한 일을 하지 않는다. 난 주식투자자다. 솔직히 직업보다는 소명에 가깝다. 주식투자자는 투자자와 주식시장 게임꾼 사이에 위치하며, 근본적으로 두 성향이 혼합되어 있다. 즉 유동자금을 가지고 시세 혹은 차트의 주기적 변동에 따라 항상 투자를 조정한다.

모든 분야에 손대는 사람

그렇다면 주식투자자가 하는 일은 무엇일까? 어떤 원재료를 활용해 직조된 결과물일까? 미래에 주식투자자를 꿈꾸는 이들에게 도움이 될 만한 학문은 무엇이 있을까? 투자자란 올바른 결정을 내리고 행동으로 옮기기 전에 항상 장단점을 심사숙고해야 하는 사상가이자 예비 철학자이다. 노련한 카드 게임 플레이어처럼 계속 바뀌는 카드 패에 바로 적응해야 한다. 그런 만큼 투자자는 즉흥적이어야 한다.

투자자의 행동 양식은 판사와 유사하다. 판사는 사건이 일어났을 때 현장에 있지도 않고 총기 전문가도 아니지만 증인을 심문하고 전문가들의 의견을 취합한 뒤 판결을 내린다. 투자자 역시 전자, 항공, 석유, 철도, 자동차 등 각 분야의 전문가는 아니지만 타인의 감정서와 여러 분석을 통해 주식 매수 혹은 매도 결정을 내린다. 즉 투자자는 프랑스인들이 흔히 말하는 것처럼 '모든 분야에 손대는 사람(touche-à-tout)'인 것이다. 물론 투자자가 모든 내막을 읽을 수는 없다. 그렇지만 최소한 무엇이 어디에 있는지는 알아야 한다는 옛 철학이 투자자에게 적용된다.

투자자는 경영학자나 경제 엔지니어이기보다 정치학자, 사회학자, 심리학자, 철학자여야 한다. 완벽한 경영학자라면 기업을 효율적으로 운영하고 수익성과 시장의 수용도를 정확하게 계산할 수 있을 것이다. 투자자의 입장에서 가격 동향에 관한 기업의 의견은 아무런 가치가 없다.

물론 장기적 관점(수년 후)으로 보면 기업의 재무분석은 중요하다. 본래 기업의 운명이란 계측 불가능한 여러 요소에 달려 있다고 해도 과언이 아니다. 해외 경쟁 기업, 기술 개발, 기업 주식에 관한 대중의 심리적 반응 등 다양하다. 주식투자자에게 있어 기업의 대차대조표란 치료해야 할 환자의 방사선 촬영 사진일 뿐이다. 하지만 정작 처방전을 작성하는 이는 방사선 전문의가 아니다.

반면 수학은 미래의 주식투자 꿈나무들에게 몹시 유용한 공부다. 그렇다고 주식시장이 곧 수학이란 말은 아니지만, 수학은 논리적 사고를 배양한다. 그 밖에도 음악을 무의식적인 수학이라 일컫던 라이프니츠(Leibniz)의 말처럼 음악 공부도 투자자에게 도움이 될 수 있다.

모든 분야를 두루 섭렵한 투자자여야 한다

주식투자자를 위한 최고의 학문은 단연 대중심리학일 것이다. 주식시장과 경제 발전에 가장 핵심이 되는 요소가 바로 대중의 심리이기 때문이다. 그 분야만큼은 그 어떤 유능한 경제전문가도, 최고 사양의 최신식 컴퓨터도 계산할 수 없다.

라틴어로 '모든 것을 조금씩 아는 것은 아무것도 모르는 것과 같다(Omnibus parvum, ex toto nihil)'는 말은 증시에 결코 해당되지 않는다. 오히려 정반대라 하겠다. 설령 얼마 되지 않더라도 모든 분야를 두루 섭렵한 투자자는 주식시장에서 많은 것을 깨닫는다. 배우고, 듣고, 직접 보거나 경험한 내용은 모험적인 발상을 가로막는 경영학과 달리 투자자의 실무에 유용하다. 이는 경제학 공부도 마찬가지다. 나날이 발전하고 급변하는 환경에 적응하지 못하는 태도는 몹시 위험하다. 1930년대, 심지어 1950년대에 이름을 날렸던 저명한 경제학 교수라도 현 시점에 옛 방식만 고집한다면 전부 낙제하고 말 것이다.

오른손으로 왼쪽 귀를 긁는 법

무엇보다 삶을 스스로 연구하는 일이 가장 중요하다. 기회가 있을 때마다 많이 여행하며 세계와 그 지역 사람들을 파악하라. 세상을 동물원이라 표현해서 유감이지만 소위 정치인, 경제 리더, 은행가, 금융가, 중개인이 가득한 이 동물원을 관찰할 때는 회의적인 시각이 필요하다. 중요하고 결정적인 성명이나 보도에서도 그 행간을 읽는 법을 배우곤 한다. 모든 발표와 뉴스마다 어떤 동기인지, 그 출처가 무엇인지에 따라 긍정 또는 부정으로 해석되기 때문이다. 금융계를 움직이는 배후 세력은 영리하다. 그렇지만 투자자는 그보다 훨씬 영리해야 하며 때로는 오른손으로 왼쪽 귀를 긁는 법을 고민해야 한다.

투자자라면 전 세계에 통용되는 언어인 영어를 제2의 모국어처럼 사용할 수 있어야 한다. 오래된 지인 중 한 명은 투자 경험도 풍부한 데다 독보적인 주식투자자였다. 그는 독일어 외에 다른 언어를 구사하지 못했고, 중요한 문건을 원본으로 읽지 못하는 것을 커다란 핸디캡이라고 생각했다. 해외 언론에서 보도한 내용을 이해하지 못해 몹시 언짢아 하는 지인을 지켜보며 확연히 피부로 와닿았다. 물론 그 친구에게는 다른 장점이 있었다. 바로 70년을 상회하는 풍부한 경험이었다. 그것은 그 어떤 일류 대학의 졸업장보다 제 가치를 발휘했다.

세상 이치와 사람에 관한 조예가 깊은 사람은 애써 정답이나 조언을 찾아 헤맬 필요가 없다. "스승님, 제가 굉장한 정답을 찾았어요. 이제 거기에 꼭 맞는 질문만 찾으면 되겠어요"라고 자랑스레 외친 탈무드의 제자처럼 모든 것은 전부 당신의 내면에 있다.

내 가슴에는 두 영혼이 산다

나의 내면에는 두 가지 성향이 공존한다. 지킬 박사와 하이드 씨처럼 말이다.[3]

언제나 비관주의와 낙관주의가 내 기분을 두고 끊임없이 맞서 싸운다. 이런 상반된 성향을 내게 물려준 건 나의 부모님이다. 매일같이 걱정을 짊어지고 산 비관론자 어머니 그리고 심하다 싶을 정도로 비틀린 낙관주의자였던 아버지. 특히 아버지의 낙관론은 뭔가 비현실적이고 매우 부자연스러웠다. (안타깝게도 달리 표현할 방법이 없다!)

내가 성인이 된 후에도 어머니는 항상 걱정하고 조심시켰다.

---

3 관련 내용은 『돈과 증권시장의 원더랜드(Wunderland von Geld und Börse)』에 자세히 설명되어 있다.

"길을 다닐 때는 꼭 조심하렴."

"전차에 오를 때도 조심해야 한다."

이런 애정 어린 잔소리를 입에 달고 사셨다. 반면 아버지에게는 그런 면이 조금도 없었다. 학교 성적마저 한 번 언급한 적이 없었다. 세계 최강 낙관론자였던 아버지는 목표 없이 흐르는 대로 사셨다.

1944년 러시아군이 부다페스트를 포위했고 부모님은 방공호에서 며칠 머물러야 했다. 좌우로 폭탄이 투하되고 우레와 같은 대포의 굉음에 집 전체가 흔들리고 무너져 내릴 것만 같았지만 아버지는 기계처럼 같은 말만 읊조렸다고 한다.

"아무 일도 없을 거야, 아무 일도 없을 거야. 어떻게든 우린 살아남을 거니까."

아버지의 말은 옳았다. 폭탄, 대포, 포위 공격에도 건강히 살아남았고, 수년 후 취리히에서 캐비어와 샴페인 한 잔을 즐긴 후 편안히 영면하셨다.

나의 내적 성향은 낙관론자와 비관론자가 날마다 팽팽히 맞서는 주식시장의 전형적인 특징이기도 하다. 증시에 새로운 뉴스, 이벤트가 등장할 때마다 가장 부정적인 면만을 보는 사람들(맹목적으로 증시 하락을 확신하며 무작정 파는 사람)도 있고, 몹시 참담한 상황에서조차 그들 자신에게 유리한 방식으로만 해석하는 '호황-머저리들[4]'도 있으니 말이다.

내 사촌, 엘리자베스

이제 내가 하려는 이야기는 실제로 있었던, 작은 언쟁에 관한 내용이다. 이 일화만큼 부모님 두 분의 간극을 더 잘 설명할 게 있을까 싶다.

앞서 언급했듯 부모님은 부다페스트에 사셨는데 점심때쯤이면 시집간 누이, 릴리가 그 지역을 뜨겁게 달구는 소위 동네 소식을 가지고 부모님을 찾곤 했다. 어느 날 누이를 몹시 당황하게 한 사건이 일어났다. 그날 새벽 어머니가 유독 아끼던 조카, 그러니까 내 사촌인 엘리자베스가 갑작스레 세상을 떠난 것이다. 누이는 어떻게든 어머니에게 이 소식을 조금이라도 늦게(고작 커피 한 스푼만큼일지라도) 전하려 했다.

"엄마, 엘리자베스가 심하게 아파요."

마침내 릴리가 조심스레 말을 꺼냈다.

"오오 주여, 성모 마리아님!"

4 무조건 호황이 올 거라고 철석같이 믿는 사람들을 비하한 표현이다.

곧바로 깜짝 놀란 어머니가 외쳤다.

"도대체 무슨 일이라니?"

"그게 뭐 그리 요란을 떨 일이란 말이오?"

화들짝 놀란 어머니의 모습에 아버지가 혀를 차며 호통쳤다.

"아파도 금방 건강해지겠지."

"몹시 아파요."

그러자 릴리는 물러서지 않고 말했다.

"아무리 그렇다 해도 말이지."

아버지는 무덤덤하게 말씀하셨다.

"중환자라도 몇 주면 완쾌하는 세상이야."

"의료진마저 손을 놓았어요."

릴리는 검은 베일을 드리운 것만 같은 무거운 음성으로 말했다.

"아아, 신이시여, 신이시여!"

어머니는 연신 신음했다.

"설령 그렇다고 해도 아직 정해진 건 아무것도 없을 거요."

아버지는 어떻게든 어머니를 안심시키려 했다.

"내 친구 묄러도 한때 의사들이 가망 없다고 손을 놓았지만, 지금은 즐겁게 우리와 점심을 먹지 않소."

어떻게든 나쁜 소식을 완강히 부정하고 거부하려는 두 노인의 고집스러운 모습에 누이는 두 손을 들어 버렸다. 이런 식으로 얘기해 봤자 더는 진전이 없을 거라 판단하고 결국 진실을 털어놓고 말았다.

"저, 솔직히, 아셔야 할 것 같아서 말씀드릴게요. 사실 엘리자베스가 오늘 새벽에 사망했어요."

그러자 적막이 흐르고 아버지만 낮은 소리로 혼자 투덜거렸다.

"이미 세상을 떠났다면, 어차피 뭘 어떻게 해도 도와줄 수 없는 거구나."

그렇게 가족 사이에 벌어진 작은 언쟁은 다소 민망하게 종료되었고, 상황은 단순하게 정리되었다.

두려움과 용기 사이

아버지를 보면 절대 불황을 믿으려고도, 바라지도 않는 호황 머저리들이 떠오른다. 반면 어머니는 아주 사소한 뉴스에도 초조해 하며 성급히 하락장을 예견하는 유형을 대변한다.

그래서인지 특정 사안에 대한 내 감정과 반응 역시 매번 두려움과 용기 사이를 둥둥 떠다닌다. 비관론자가 되었다가도 상황에 따라 재빨리 낙관론자가 되어야 하는 주식투자자에게는 몹시 유용한 성향이다. 주식투자로 인한 운명 역시 파산과 부(富) 사이를 떠다니니 말이다. 주식시장에 뛰어들 때는 용기가 있어야 한다. 그리고 상황이 전복하는 순간 배가 침몰할 것 같으면 재빨리 뛰어내리는 판단도 해야 한다.

신(新)도리언 그레이

오스카 와일드(Oscar Wilde)를 상징하는 소설이자 누가 뭐래도 세계문학 유산에 손꼽힐 명작인 『도리언 그레이의 초상』은 평생 내 인생에 동반하며 항상 나를 매혹시켰다. 앞서 지킬 박사와 하이드 씨처럼 한 가슴에 두 영혼이 공존한다고 고백했던 만큼, 자아분열 문제를 이렇게나 탁월하고 정밀한 방식으로 그려 낸 이 불멸의 걸작에 어찌 내가 매료되지 않을 수가 있었겠는가!

뇌리를 좀처럼 떠나지 않는 소설 주인공과 나의 삶 사이에는 유사한 공통점이 있다. 도리언 그레이가 그토록 갈망한 소원은 세월이 흘러도 변함없는 젊음이었다. 그렇지만 화가, 바질 홀워드가 완성한 도리언의 초상화에는 그가 그렇게 두려워했던 노화의 특징이 서서히 나타나더니 결국 싱그럽던 외모가 추해지고 만다. 이런 으스스한 변화를 지켜보며 두려움에 떨다 나중에는 제

초상화를 증오하기에 이른 주인공은 어떻게든 자신의 초상화를 숨겨 보려는데, 그가 무슨 수를 써도 그의 영혼을 비추는 거울 같은 초상화를 없앨 방법은 없었다. 초상화는 압도적인 무언의 경고처럼 끊임없이 주인공 앞에 모습을 드러냈다. 그 광경을 바라보며 너무도 괴로워하던 주인공은 어느 순간 광기에 사로잡혀 화가 홀워드를 살해하고 만다.

내게도 이와 비슷한 일이 있었다.

개인적으로도 친분이 있던 위대한 시인이자 사상가인 폴 발레리(Paul Valéry)가 언젠가 말했다.

"자신의 과거를 기쁜 마음으로 짊어진 사람이라면 분명 삶을 연장할 수 있다!"

그때만 해도 나 역시 충분히 그럴 수 있다고 호언장담했다.

나는 20년 전부터 《캐피털(Capital)》 잡지에 칼럼을 정기적으로 기고하고 있다. 신간이 나올 때마다 당대의 스타 포토그래퍼, 헬무트 클라우스(Helmut Klaus)가 촬영한 내 사진이 함께 수록되었다. 늙고 싶지도 않고, 늙어 보이는 건 더 사양하고 싶은 내 간절한 욕망만큼은 도리언 그레이 못지않았다. 정말 난 내가 여전히 젊다고 느끼니까 말이다. 그러나 계속 고집하기에는 스타 포토그래퍼, 클라우스가 촬영한 사진이 있었다. 그리고 정말 안타

깝지만 그가 촬영한 사진에는 점점 늙어 가는 한 남자의 얼굴이 고스란히 담겨 있었다. 《캐피털》 잡지는 그렇게 내게 또 다른 도리언 그레이가 되라고 귓가에 속삭였다.

'헬무트 클라우스, 그러니까 좀 주의하란 말일세!'

Chapter 2

낙관주의로 향하는 수업

André Kostolany

비틀린 직업관

1장에서 아버지가 지닌 놀라운 낙관주의와 확고한 삶의 기쁨에 대해 상세히 설명한 바 있다. 때문에 그런 낙천가 아버지의 아들인 내가 최근 여러 서유럽 국가, 특히 독일에 악의적으로 퍼진 비관적 표현을 역겨워한다 해도 그리 놀랍지는 않을 것이다.

전문적 비관주의는 직업의 일종이자 타락한 소명이 되어 버렸다. 이 부류에는 얼토당토않은 주장과 비교를 서슴지 않는 이가 몹시 많다. 두려움에 이성이 마비된 것처럼 보이는 이들도 있지만, 대다수의 이면에는 정치·사업적으로 계산한 치밀한 행동이 숨겨져 있다. 사업가, 정치인, 기업인들이 인위적으로 공표한 비관주의적 발표를 접할 때마다 나는 그것이 이득을 노린 의도적인 행위인지 쉽게 파악하곤 했다.

완전한 안정성은 불가능하다

지금의 위기가 1930년대와 유사하다는 다수의 주장은 정말 어불성설이 아닐 수 없다. 당장 미국을 살펴보자. 현재의 미국은 그때와 비교조차 불가능한 수준으로 성장했다. 그만큼 노동자의 생활 수준이 높아졌고, 여러 사회연결망 덕분에 안전성이 확보되었다. 기업과 금융기관의 위기 또한 매우 숙련된 방식으로 극복했다.

1929년 금융계를 강타한 대공황은 소위 '불간섭(laisser-faire)' 그리고 '방종(laisser aller)' 정신의 결과물이었다. 당시에는 엄격히 준수되던 금본위제도[5] 체계의 메커니즘만이 이 험준한 정글을 감시하던 유일한 경찰이었다.

사람들은 그렇게 자동화에 무릎을 꿇었다. 그에 의해 세계경제 위기는 완전히 변질되었다. 이런 늪에 빠진 프랑스는 세계 금본위제도의 상당 부분을 끌어당기려는 목적으로 전 세계에 디플레이션을 수출했다.

금본위제도는 죽었다. 그렇게 경제라는 오케스트라의 지휘자석에 선 경영자는 오케스트라를 때로는 훌륭하게, 때로는 엉망

5 화폐의 가치를 금의 가치로 나타내는 것

으로 지휘했다. 그렇다고 지금까지 미국 경제를 움직인 지휘자들이 한때 악성 비관주의 배포 세력이 주장하고 예견했던 것만큼 괄목할 만한 성과를 내지 못한 것은 아니다. 이들의 프로그램은 두 가지 목적을 지향했다. 인플레이션 그리고 무엇보다 인플레이션에 관한 강박관념을 멈추고 실업에 맞서는 것이었다.

첫 번째 목표는 거의 해결되었지만 두 번째 목표는 인플레이션 사고방식이 완전히 근절되고 나서야 착수할 수 있었다. 큰 힘을 지닌 금융기관과 기업인들 중 일부가 인플레이션에 몹시 관심을 보이며 계속 부추기려 했기에, 안전성을 확보하려는 투쟁은 몹시 험난했다.

솔직히, 안정성을 온전히 확보하기란 불가능하며 그럴 필요조차 없다. 미약하게 통제된 인플레이션이라도 인체를 자극하는 소량의 니코틴 혹은 알코올처럼 경제에 자극적인 영향을 끼칠 수 있다.

오늘날의 위기는 오직 과감한 치료를 통해서만 극복할 수 있다

오늘날 실업률은 좋지 못하고 실상 꽤

나 부정적인 편이지만 대참사 수준까지는 아니다. 지금의 실업률은 인위적인 금리 상승에서 비롯되었다. "그런 식으로는 계속 갈 수 없다"는 장 콕토(Jean Cocteau)의 말처럼 미국 정부도 누구보다 이를 잘 알고 있다.

1929~1930년 있었던 경제 위기는 앞서 언급했던 엄격한 금본위제도 적용으로 생긴 숨 막히는 디플레이션 공포가 낳은 산물이었다. 이는 오직 사회 개혁, 특히 인플레이션이라는 주사를 써야지만 치유할 수 있다.

반면 최근 몇 년간의 경제 위기는 말을 치료할 때처럼 거칠고 과감한 치료법으로 맞서야 했다. 1970년대 인플레이션에 사용했던 약보다 훨씬 강력한 처방이 필요했다. 그러나 솔직히 말하자면 그 시절과 현재의 진단과 치료는 아예 비교조차 불가능하다. 그러므로 현재와 50년 전을 비교하며 유사점을 도출하는 시도는 터무니없는 일이라 재차 강조하겠다.

정점을 찍은 금리는 서서히 하락하고 있지만, 여전히 경제 활성을 촉진하기에는 높은 편이었다. 기업인을 위한 대출금리도 높은 상황에서 단기금리는 투자자를 몹시 솔깃하게 만들었다.

이것이 투자가 아직도 정체 중인 배경이다. 오늘날 미국은 저축 과잉(savings glut) 열기가 우세하다. 그렇게 수십억 달러가 고정 현금 투자에 묶여 있다.

돈이 없어요

어릴 때 부다페스트에서 들은 짧은 일화가 떠올랐다.

동급생 S. 피셔의 아버지는 당시 부다페스트에서 가장 부유한 주식투자자 중 한 명이었다. 그의 아버지는 사무실에 앉아 한참 사색에 빠져 있던 참이었다. 그때 옆방에서 실랑이를 벌이는 소란이 그의 귀에 들렸다.

"안 돼요, 안 됩니다!"

그의 회계사가 소리쳤다.

"저희도 돈이 없다고요, 어서 나가시죠!"

예상치 못한 소란에 놀란 피셔 씨는 서둘러 회계사에게 달려갔다.

"무슨 일입니까? 누구에게 그렇게 소리치는 거죠? 갑자기 무턱대고 '돈이 없다!'라니요?"

"물론…."

회계사가 대답했다.

"아까 그 사람한테서 벗어나려 그런 것입니다. 후원금을 내라 아우성쳤던 부상꾼 말입니다!"

"어서 쫓아가서 다시 데려와요."

격분한 피셔 씨가 소리쳤다.

부랑자가 미처 계단을 전부 내려가기 전에 그를 발견한 회계사는 지시대로 제 상사에게 안내했다. 피셔 씨는 다시 돌아온 '고객'의 팔을 살포시 붙잡고 자신의 사무실로 데려가 지폐가 가득 든 금고를 차례대로 열어 보였다. 금고마다 돈다발이 넘쳐났다. 이윽고 피셔 씨가 입을 열었다.

"제 회계사가 '돈이 없다'고 말했다 들었습니다. 보시다시피 절대 그렇지 않습니다. 이렇게나 많은 돈을 보유하고 있으니까요. 다만 당신께 드릴 돈이 없는 거죠."

정확히 수백만 명에 이르는 예금주와 수십억 달러를 은행에 예치해 둔 자산가들의 입장이 이러하다. 그들은 보유한 재화를 국가, 조합, 기업에 활용할 생각은 추호도 없다. 물론 중앙은행이 계속 금리를 인하한다면 상황은 순식간에 달라질 수도 있다. 아마 그때는 장기 현금 투자에 대한 문의가 발 빠르게 쇄도할 것이다.

요컨대 향후 몇 년간 세계정세에 부정적인 심각한 변화가 등장하지 않는다면 지금껏 부정적인 악성 예측을 남발하던 비관론자들이 곧장 "mea culpa!", 즉 "내 탓이로소이다!"라고 외치며 변명할 모습에 실소를 머금게 될 것이다.

쇼는 계속되어야 하니까

공황을 유도하는 소문이 끊임없이 퍼진다면 은행은 어떻게 될까? 나는 그런 주장이 정말 터무니없을 뿐만 아니라 말도 안 되는 헛소리라 대답하고 싶다.

금융 체계를 보장하는 중앙은행

오늘날 은행과 국가의 협력은 전 세계적으로 너무나 당연한 일이 되었다. (사실 프랑스 은행 전체의 국유화는 지극히 불필요했으며, 그 이면에는 선동적인 배경이 있었다.)

이런 사회 네트워크에 대한 말은 여전히 많다. 1929년 같은 대참사는 더는 발생하지 않는다. 상황에 따라 크고 작은 기업의 파산 가능성은 있어도 전부 문을 닫지는 않을 것이다. 비록 소유주의 자본은 사라지겠지만 기업은 새로운, 어쩌면 국가에서 임명할 새 경영진이 계속 경영을 이어 갈 것이기 때문이다. 오늘날의 '신용 네트워크'가 작동하는 방식이 그러하다.

은행, 신디케이트, 투자은행 또한 파산으로 자본금이 사라질 수 있다. 헌트(Hunt) 사건 및 기타 유사 사건들만 봐도 알 수 있듯이 금융권의 파산이 연쇄반응을 일으킨다는 것은 확실하다. 그렇기에 각국의 중앙은행은 이를 대비한다. 미국 루스벨트 대통령은 49개 주에 있는 은행이 전부 창구를 닫아야 했던 1933년에 이를 시행한 바 있다. 그로부터 30일 후 은행이 재개하고, 방금 인쇄된 돈을 트럭에 실어 전국에 산재한 각 은행 지점으로 배송했다. 당시 창구 뒤에는 달러 지폐가 산처럼 쌓여 있었다. 누구나 그 광경을 볼 수 있던 터라 아무도 제 돈을 돌려 달라 요청하지 않았다. 아무리 일정 부분 조종되었다 해도 통화 체계뿐만 아니라 금융 체계의 근간은 신용이다.

주 정부의 지불 능력과 의사만 있다면 돈은 그대로 은행에 둘 수 있다. 오늘날 많은 이가 언급하기도 하고 한편으로는 은근히 바라기도 하는 신용 체계의 붕괴는 사실상 불가능하며, 그런 상황은 절대 생기지 않을 일이다. 모든 채권자는 또 다른 채권자들의 채무자이다. 그리고 그 '또 다른 채권자들' 또한 또 다른 사람에게 채무가 있다. 그렇게 돌고 돌다 보면 결국 최종 채권자는 중앙은행이 된다. 돈을 찍어 내는 중앙은행은 누구에게도 빚을 지지 않는다. 그러다 보니 경제 불황이 판을 치는 시기에는 모라토리엄(Moratorium)이 발효된다. 누구도 부채를 상환하지 않은 상태로 모든 채무자의 부채가 예전과 동일하게 유지된다.

은행이 엄격한 감사원들의 감시 아래 결산을 해야 한다면, 이는 다 같이 물속에 잠기는 꼴이 될 것이다. 만약 그리된다면 그렇게 몰고 간 자는 누가 될까?

장부 따위는 활활 타오르는 불구덩이로!

비망록에 기록해 둔 재미있는 일화가 떠올랐다. 혈기 왕성한 청년, 그륀은 대학에서 4년간 경영경제학 공부를 마치고 마침내 부모의 집으로 돌아왔다. 가족이 운영하는 기업에 입사하기 위해서였다. 아버지는 그동안 자신이 일군 사업을 아들에게 소개했다.

"자, 주변을 둘러봐라."

아버지가 아들에게 말했다.

"여기 보이는 이 전부가 말이다. 저기 저 창고, 그 안에 쌓여 있는 제품이 다 이익이란다. 내가 초창기에 딱 1,000굴덴만 가지고 이 사업을 시작했기 때문이지! 너도 그렇게 이 사업을 이어 가야만 한다."

"감사합니다, 아버지."

청년이 말했다.

"먼저 장부를 좀 살펴봐야 할 것 같습니다."

"자, 여기 있다. 어서 가져가서 잘 살펴보거라!"

일주일 뒤 청년은 몹시 어두운 표정으로 아버지를 찾아왔다.

"아버지, 검토를 전부 끝냈습니다. 그런데 꼭 설명드릴 내용이 있어요. 지금 회사는 솔직히 파산 상태입니다."

"어째서 그렇지?"

"아주 간단합니다. 여기 이 장부에 전부 그렇게 기록되어 있습니다."

"그렇단 말이냐."

아버지가 침착하게 대답했다.

"그 장부를 이리 건네려무나."

장부를 회수한 아버지는 대뜸 벽난로에 휙 던져 버리고는 한결 편안해진 표정으로 아들에게 말했다.

"보았느냐? 이러면 더는 파산 상태가 아니로구나!"

오를 것이다!

이 짧은 일화로 내가 하려는 말은 무엇일까? 그건 흑색선전을 조장하는 전문 선동가들은 결국 언젠가 좌초하기 마련이라는 것이다. 용을 써도 세상은 기름칠이라도 한 듯 계속 굴러갈 테니 말이다. 제아무리 여기저기서 결산한들! 난 이를 신용 네트워크(credit network)라고 부른다!

그 영향력을 입증할 만한 좋은 사례가 최근 몇 년간 있었다. 월 스트리트의 한 작은 기업이 창업한 지 4개월 만에 수십억 달러 규모의 국채를 받아 공격적인 투자를 펼쳤다. 이런 대담한 투자는 2억 5000만 달러의 만기가 돌아오면서 터지고 말았다. 연방준비제도(federal reserve)가 개입하지 않았더라면 이로 인해 30개가 넘는 일류 기업이 파산에 임박했을 심각한 상황이었다. 기업들은 파산 기업의 청산기관 역할을 맡은 체이스맨해튼 은행에 책임 유무와 상관없이 수백만 달러 지급 요청을 했다. 어떻게든 기업의 붕괴만큼은 막아야 했다. 결국 체이스맨해튼 은행은 모든 금융권에 통용되고 유동성을 보장하는 중앙은행의 보증을 담보로 24시간 이내에 수백만 달러를 내놓을 수밖에 없었다.

이 사건은 50년 전의 헌트 사태와 같은 막대한 재앙을 불러 일으켰을 것이다. 파산에 관한 법적 책임을 질 의무가 없는 체이스맨해튼 은행은 신생 소기업에 자금을 밀어 주는, 대담한 투자라는 명목으로 몹시 무모한 행보를 이어 갔다. 체이스맨해튼 은행의 임원이 뇌물을 받았을 거라는 소문이 파다했고, 결국 감사가 시행되기까지 했다.

신용 네트워크는 물론 동구권 국가의 악성 부채에서 서유럽 금융권을 보호하는 역할을 했다. 1페니도 상환되지 않는다고 해도 파산하는 곳은 없을 것이다.

'파산(bankrupt)'이라는 말이 '은행(bank)'에서 유래되긴 했지만 오늘날의 대형 은행은 이런 파산과 전혀 관련이 없다. 때때로 소규모 개인 금융의 경우 재정 악화에 처하기도 하지만 그런 가능성은 평상시, 호황기 할 것 없이 언제나 동일했다. 따라서 금융권에서는 그런 기업이 위기에 처할 경우 곧바로 경쟁 업체에 인수될 것인지를 검토해야 했다.

베니스처럼 신비로운

최근에 베니스에 체류했던 일이 떠올랐다. 성 마르코 광장은 매일 저녁 물속에 잠겼다가도 그다음 날 아침이 되면 차올랐던 물은 아무런 흔적도 없이 사라졌다. 은행에서도 마찬가지였다. 일시적으로 각종 수치가 '물밑'에 잠겼다가 일정 시간이 흐르면 회복을 넘어 더 높은 이익까지 실현하기도 했다. 그러면 그 이후 '금융 위기'를 언급하는 사람은 사라진다. 힘들었던 시기가 아무 일도 없었던 것처럼 사람의 뇌리에서 전부 잊힌 것이다. 지금까지 그런 경우를 여러 차례 경험했다.

대형 은행의 손실은 국유화되고, 수익은 민영화로 남는다. 누가 이를 반대하겠는가? 주주, 예금자? 확실한 건 난 아니다. 무엇보다 쇼는 계속되어야 하니까!"

Chapter 3

단골 커피숍에서의 담화(I)

André Kostolany

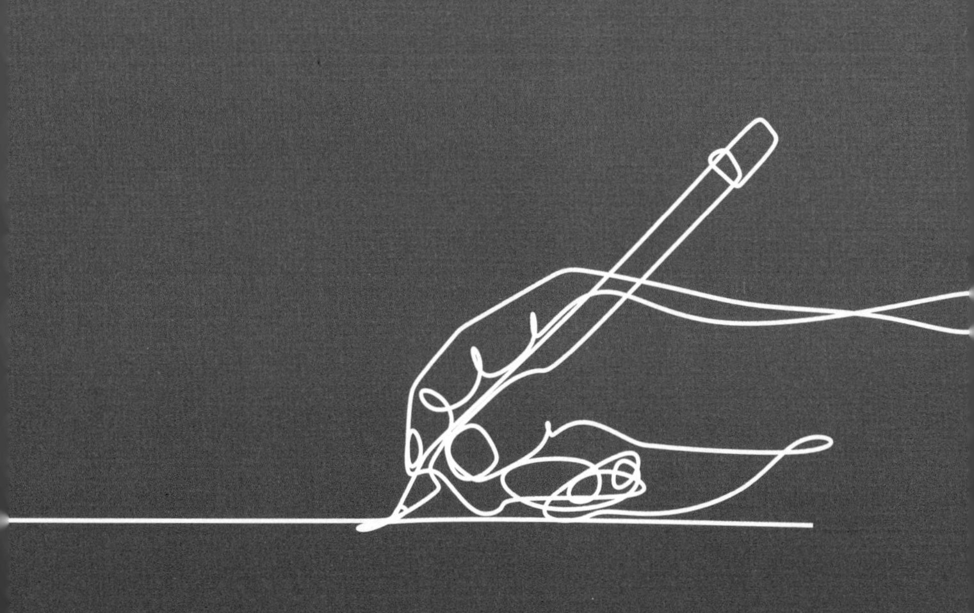

당신들, 내 아리아를 불러 보지 그래!

일요일 오전마다 찾는 단골 커피숍에 친구들이 하나둘 모였다. 때때로 난 여느 때처럼 항상 둘러앉는 탁자에 옹기종기 모인 친구들이 오후에 있을 경마 결과를 예측하며 보이는 근거 없는 자신감에 깜짝 놀라곤 했다. 4시간 후 경주가 시작되었지만 그 누구도 우승 말을 맞추지 못했다. 심지어 그렇게나 호언장담하며 '확신'한다던 말들이 전부 하위권에 포진하고 있음에도 불구하고 친구들은 양심의 가책조차 느끼지 않았다. 그리고 또 한 주가 지나면 친구들은 이번에는 정말 "틀림없다"며 훈수를 두기 바빴다.

지난 수년간 경제, 통화 및 재무 부문에 관한 예측도 전부 이런 식이었다. 증권시장 경향분석 전문가뿐만 아니라 정치인, 경제전문가, 심지어 독일 중앙은행 총장의 입에서도 예측이 아무렇게나 흘러나왔다. 예상대로 예측은 전혀 맞지 않았다. 증권시장의 게임꾼들이 잘못 예측해 선동하는 경우가 지나치게 잦아지면 그들은 처벌을 받았지만, 자칭 지식인이라는 정치인과 경제전문가는 어떻게 해도 계속 그 위치에 남았기에 국민은 그들의 견해를 중히 여기며 귀 기울였다.

대중매체와 더불어 (무려 10, 20만 명에 달하는) 전 세계 방방곡곡에서 활동하는 투자 자문가들이 발표한 돈, 가격, 주식시장 경향은 언제나 예측을 비껴 갔다. 미국의 저명한 주간지 《비즈니스 위크(Business Week)》는 지금부터 정확히 4년 전 주식의 죽음을 예견했다. 앞으로 개인 투자자뿐만 아니라 연금 기금(연기금), 보험회사와 같은 대형 투자기관이 주식을 꺼릴 거라고 판단했기 때문이었다. 주간지의 편집자는 자금을 '굳건하고 구체적인' 가치에 투자하라 조언했다. 귀금속, 다이아몬드, 부동산, 상품 선물(이를 '굳건하고 구체적'이라 칭했다), 우표, 그림 외에 떠올릴 수 있는 모든 것이 여기에 포함되었다. 실제로 당시 미국 정부가 인가한 한 규정은 연금 기금에 이 '실물' 투자 기회에 대한 청신호를 허용했다.

선물 시장에서는 많은 출혈이 있었다. 하지만 이 또한 정부와 고금리 정책이 추구한 결과물이었다. 정부는 어떻게든 인플레이션 투기에 강경하게 맞서고 처벌하고자 했다. 그 결과 부동산 시장마저 나락으로 추락했다. 오직 주식시장만이 눈부신 회복세를 보였다. 엄청난 고금리였음에도 몹시 가파른 성장세였다. 이런 추이는 전문가들을 놀라게 했다. 증권시장의 경향을 판가름하는 핵심 요인은 금리보다 심리학이라는 점을 잊은 사람이 많았다. 상황이 좋지 않은데도 주식 차트가 상대적으로 높은 수준을 유지하는 경우 극도로 낙관적인 투자자들은 이를 주식을 평가하는 지표로 삼아 버렸다.

베르디(Giuseppe Fortunino Francesco Verdi)의 오페라 〈가면무도회〉에서 시종 오스카는 매혹적인 소프라노 아리아를 부른다.

"오스카는 알지만, 소리 내어 말하지 않지!"

나는 이 아리아를 투자자문계의 테너들에 맞춰 이렇게 개사하고 싶다.

"전문가들은 그리 말하지만 사실 아는 게 없지!"

매우 아이러니한 대처

제법 큰 자금을 마련하는 방법은 세 가지다. 가장 확실하고 빠른 방법은 카드 게임이고, 가장 편한 방법은 여자를 통해 마련하는 것이고, 가장 어리석은 방법이 바로 주식시장을 이용하는 방법이다. 카드 게임에서 돈을 잃는 사람은 운이 제 운명을 결정했다고 믿는다. 그렇다 보니 이런 부류는 때때로 미신에 심취하기도 한다. 반면 많은 주식시장 게임꾼은 과학적 방식, 차트 형식, 스스로 개발한 지표 혹은 고정 가격비교 상황(상품 x가 100이라면 상품 y는 120으로 표시되어야 한다 등등)을 중시한다.

이렇게 끝없이 더하고, 나누고, 곱하던 주식꾼들은 결국 마지막에 가서는 거의 참혹한 대재앙과 마주하곤 했다. 그동안 증권시장에서 수치와 곡선에 집착하다 땡전 한 푼마저 잃어버리는 사람을 얼마나 많이 봐 왔던가!

얼마 전 언론은 스스로 목숨을 끊은 쿠르트 올리그뮐러(Kurt Oligmüller)의 비보를 보도했다. 그로부터 약 1년 전, 난 스스로 고안한 기적의 이론을 발표하며 성급한 팡파르를 울려 대던 그의 행보에 비교적 온건한 비판을 제기했다. 그러자 얼마 후 그는 내게 몹시 무례한 항의 편지를 보내왔다. 그는 내가 주식시장을 눈곱만큼도 제대로 이해하지 못한다고 맹렬히 비난했다. 하물며 (한때 내가 여러 번 비웃곤 했던) 조 그랜빌(Joe Granville)의 손가락 끝에서 흘러나온 증권 지식이 나보다 나을 거라고 강조했다. 이어 그런 진부한 이야기는 집어치우고 내 칼럼에 그랜빌처럼 주식의 최고점과 최저점이나 예측해 보라고 조소했다. 증권시장이란 그럴듯한 수사학이 아니라 엄격한 과학이라 강조하며 말이다.

그 이후로도 올리그뮐러가 고안한 이론에 대한 질문을 받는 일이 종종 있었다. 그 이론에 집착하는 사람들과의 토론은 무의미했기에 난 가능하면 언급을 피했다. 그 불쌍한 남자에게 다소 연민을 느낀 면도 없잖아 있었던 난 가능한 그를 상처입히고 싶지 않았다. 더욱이 그렇게나 많은 사람이 그에게 빠질 거라고는 예상도 하지 못했다. 정말 많은 사람이 표면적으로는 과학적으로 보이는 그 이론에 따라 정확히 계산하려 했다. 구체적인 목표 금액이 있어 망설이는 사람들이 이런 방식을 선호했다. 그들은 이 방법으로 그들의 목표를 유지할 수 있다고 생각했다.

올리그뮐러가 고안한 이론이 결국에는 0으로 끝나리라는 걸 난 확신했다. 이 웃지 못할 드라마는 분명 세간에 경종을 울리겠지만, 문제는 대중이 이 교훈을 너무 빠르게 잊고 거기서 아무것도 배우지 못한다는 데 있었다.

그에 비해 공격적이던 그랜빌의 행보에 관해서는 솔직히 약간의 연민도 느끼지 못했다. 그동안 그랜빌은 올리그뮐러에 비해 심각한 물의를 일으켰다. 1981년 자칭 주식계의 구루라 떠벌린 그랜빌의 극적인 투자 실패로 그를 추종하던 커뮤니티는 1억 달러 이상의 막대한 손실을 입었다.

참 아이러니하지만 그 와중에도 그랜빌은 자신을 따르는 대중에게 공격적인 주식투자를 하라고 유혹하면서도 막상 증권시장에서는 자신이 뭔가를 직접 추진한 적이 없다고 떠벌리고 다녔다. 그래야지만 저만의 비밀 레시피에 몰두하며 객관성을 유지할 수 있었다.

이에 관한 내 논평은 이렇다.

한때 세계적인 명성을 누린 미식가이자 요리연구가인 브리야 사바랭(Anthelme Brillat-Savarin)에게 막상 본인은 소박한 식단으로 식당을 운영하면서 왜 산해진미에 대한 글을 쓰느냐고 물었다.

"아주 간단해요."

브리야 사바랭이 대답했다.

"독자들보다 오래 살고 싶거든요."

우선 설명을 드리고 싶군요

한 대형 석유시추 기업은 독일의 일반 예금주 수천 명에게 소위 유망한 투자에 참여할 기회를 제공했다. 독일 예금자들은 마치 성배의 전설처럼 "먼 땅에서, 여러분의 발걸음이 닿지 않는 곳"에서 여러분의 돈으로 석유를 발굴하고 시추한다는 독일 기업과 바다 건너 캐나다의 파트너사에 돈을 송금했다.

개인 예금주들을 장려하며 석유시추를 위한 (특히 캐나다 기업을 위한) 자금 조달을 꾀하고 있다고 난 확신했다. 이 분야에서 수십 년째 활동 중인 텍사스 출신 변호사 맥머리(McMurray)는 이를 한마디로 일축했다.

"석유 사업에는 사람들을 기만하는 권모술수만 해도 무려 50가지가 넘습니다."

물론 여기저기서 벌인 여러 시추 활동으로 언젠가는 석유를 발견하게 될 것이다. 흡사 청어가 가득 든 통을 총으로 쏘면서 겨우 몇 마리 맞추는 꼴에 불과할지라도 말이다. 그러나 그런 발견마저 거대한 광고로 포장되어 또다시 독일 전역을 강타한다.

"자, 석유가 여기 있습니다!"

카지노에서도 한 게임꾼이 정말 기적처럼 돈을 따고 나면 그런 식으로 선전한다.

"저희 손님이 은행을 아예 파산시켰군요!"

흥행업자도 때때로 자기자본에서 배당금을 지급하는 경우 이런 트릭을 사용하곤 한다. 건설 혹은 영화 프로젝트가 망하면, 그 실패는 매우 짧은 시일 내에 소문이 난다. 하지만 석유시추와 같은 대형 프로젝트는 아무 성과를 내지 못해도 오랫동안 대중을 기만하는 것이 가능하다. 그저 계속 파 내려가면 그만이다. 더 깊게 시추할수록 더 큰 비용이 투여된다. 발견했다 해도 가격 상승을 염두에 두고 고부가가치의 석유를 일부러 땅 밑에 두기도 한다. 때때로 이 편이 이들에게 훨씬 이득이 되기도 하니까.

자본주는 내 오랜 친구, 그륀이 기한을 제대로 이행하지 않는 고객에게 회계사를 보냈을 때와 똑같은 이야기를 들어야 했을 것이다. 채무자에게 보낸 그륀의 직원이 금방 되돌아왔다. 그륀은 말했다.

"그래, 어떻게 고객이 지불했습니까?"

"상환한 것만큼 마무리가 잘되긴 했습니다."

회계사가 말했다.

"잘되었다는 말이 무슨 뜻입니까?"

"우선 설명을 드리고 싶군요. 그 고객에게는 고등학교에 다니는 아들이 있습니다. 박사 과정까지 밟을 예정이라더군요. 박사 학위를 얻고 나면 분명 부자 아내를 얻을 겁니다. 그래서 지참금을 받으면 그 돈을 곧장 아버지에게 줄 것이고, 그 돈을 우리에게 지불한다고 합니다."

창업자들은 말한다. 언젠가, 언젠가는 석유 사업에서 꼭 수익이 터져 나올 거라고.

비망록 I

▶▷

젊었을 적 파리 증권거래소에는 외알 안경을 쓴 신사가 더러 있었다. 그런 남성들을 볼 때면 "외알 안경을 쓰면 몹시 우아해 보이지. 하지만 솔직히 말하면 안 쓰는 게 더 잘 보이긴 해" 하고 말하던 내 친구 페렌츠 몰나르(Ferenc Molnár)가 떠오른다.

▶▷

'Fluctuat nec mergitur.' 라틴어로 파도에 흔들릴지언정 침몰하지 않는다는 말이다. 프랑스 파리의 상징물에 새겨진 이 표어는 증권시장에서도 좌우명으로 삼아야 한다.

▶▷

증권시장은 다채로운 세계이며, 강자가 약자를 잡아먹는 약육강식의 정글이다. 패자(敗者)는 무참하다! 영원한 전쟁터이자 최적화되어 있는 두 집단으로 이뤄진 체제가 이 전문가들의 세계를 지배한다. 그 두 부류는 바로 하락장 투자자(Bears)와 상승장 투자자(Bulls)다. 전문가들의 구미를 당기는 질문도 전부 다르다. 신중하고 보수적인 사람들은 '안전한 것이 안전하다'라는 태도를 고수한다. 수익이 적어 망하는 사람은 없다고 말하는 사람들은 10퍼센트의 수익률만으로도 만족한다.

▶▷

전 세계에서 활동하는 증권시장 전문가들에게는 공통점이 있다. 그들은 각각의 이벤트를 주식 계약 관점에서 바라본다. 따라서 그 이익에 해가 되면 관련 규정 및 정부의 결정은 전부 어리석고 비윤리적이라 설명한다. 반면 그들의 실리에 맞으면 그것이 가장 영리하고 윤리적인 것이라 거듭 칭송한다.

▶▷

주식투자자의 발전 과정이 어떻든 그 처음은 거의 동일하다. 흡사 무고한 소녀가 때때로 인류의 가장 오래된 직업에 이르게 되듯 말이다. 호기심에서 시작했을지라도 곧 즐거움과 열정을 지나 종국에는 돈에 대한 탐욕만이 남는다. 다행히 난 아직 두 번째 단계에 머물러 있다. 주식시장에서 이미 반세기를 보냈지만, 주식시장은 여전히 마음에 열정을 일으킨다.

▶▷

오늘날 대부분의 투자자는 물론이고 증권가의 동료들마저 주식시장을 명확히 파악하기 힘들어졌다고 종종 불만을 토로한다. 정말 터무니없다. 주식시장은 예나 지금이나 항상 불투명했다. 그렇지 않으면

가히 주식시장이라 할 수 없을 것이다. 물론 시장 전체를 누구보다 제대로 통찰하는 증권중개인도 있을 수 있다. 그러나 내가 향후 1년간의 주식 동향을 예견한다면 그해 내내 날 정신 나간 사람 취급을 할 것이다.

- 주식시장에서는 불확실한 조언이 단호하고 명확한 조언보다 더 나을 때가 있다.
- 아무 생각도 없고 자기주장이나 동기조차 없는 주식투자자는 룰렛 게임을 하는 사람과 다름없다. 그런 투자자는 도박꾼에 불과하다.
- 자신만의 의견을 내고 결정을 내릴 능력이 없는 사람은 주식시장에 절대 발을 들여놓지 말아야 한다.
- 주변의 조언에 따라 달리기만 하는 사람일수록 실망도 큰 법이다.
- 소위 증권시장의 일반적인 견해라는 말은 동전 한 푼의 가치도 없다.
- 주변에서 벌어지는 사건을 눈이 아닌 머리로 쫓아라. 때때로 증권시장에서는 더 잘 보기 위해 아예 눈을 감는 것이 나을 때도 있다.
- 뉴스를 읽고 사건을 파악하는 것만으로는 부족하다. 그보다 더 중요한 것은 그 뉴스와 사건이 몰고 올 여파를 파악하는 것이다.
- 아무리 바보라 해도 그에게서 주식시장에 꼭 들어맞는 핵심 정보를 얻을 수도 있다.

• 난 증권 혹은 경향에 관한 내 견해를 친구들에게 말하지 않는다. 그건 그들에게 한 푼도 허락하고 싶지 않아서가 아니라 나 스스로도 내 생각을 확신하지 못하기 때문이다. 언젠가 아버지의 친구인 한(Hahn) 교수가 말했다.

"내 어리석음을 조금도, 절대 주지 않으리라."

▶▷

부동산 중개인은 절대 흥분하지 않는다. 경제 상황에 따라 보유한 부동산 시세의 동향을 파악하기 힘들기 때문이다. 심지어 보유한 매물을 판매해야 할지, 말아야 할지 여부마저 가늠하지 못할 때도 있다. 반면 주주는 언제나 보유한 주식의 변동 사항을 잘 알고 있다. 행여 주주가 자세히 살펴보지 않았더라도 언론과 대중매체에서 주주가 확실히 인지하도록 최선을 다한다. 주식의 5퍼센트만 하락해도 초조해 하는 주주는 그렇게 탄생한다. 만약 당신이 '벌벌 떠는 사람'이라면 부동산 투자로 만족하는 것이 낫다!

Chapter 4

음악이야말로 나의 세계

André Kostolany

파리 오페라 감독의 기발한 속임수

'내 심장의 보석'. 내 이력의 발원지이자 타지에 있을 때 향수병을 유발했던 파리 증권거래소를 표현한 말이다. (최근에 집필한 저서 『돈과 증권시장의 원더랜드』에도 적혀 있다.) 이런 표현을 고르기까지 양심의 가책과 더불어 심적으로 몹시 힘들었다. 그럼에도 파리는 또 다른 '내 심장의 보석'인 장소, 파리 오페라를 품은 도시였다. 그곳에서 난 셀 수 없이 많은, 절대 잊지 못할 밤을 보냈다.

물론 여기에서 그 이야기를 하려는 것은 아니다. 내가 전하려는 일화는 1938년 파리 오페라 감독이 벌인 기발한 트릭에 관해서다.

1938년 당시 중요한 국빈의 방문을 앞두고 파리 전역이 준비 중이었다. 방문객은 영국 국왕 조지 6세 내외와 그 모후 엘리자베스였고, 히틀러에 대항해서 영국-프랑스 동맹을 굳건히 하기 위해서였다. 이를 위해 수많은 축하 행사가 열렸지만, 축제의 정점은 파리 오페라에서 준비한 저녁 행사였다. 파리에서 한가락하는 유명 인사나 고위 공직자, 군인, 경제인 등 상류층에 소속되어 있다고 느끼는 사람들은 누구나 이 행사에 참석하고 싶어 했다.

상황이 이렇다 보니 모두를 충족시키려면 무려 6,000장의 입장권이 필요했지만, 허락된 숫자는 3,000장뿐이었다. 파리 국립오페라 감독, 무슈 루쉐(Ruchet)의 근심은 이만저만이 아니었다. 어떻게 해야 그 누구의 기분도 상하게 하지 않고, 초대받을 자격이 있는 귀빈들을 위한 장소를 준비할 수 있을까?

순간 기발한 생각이 떠올랐다. 그는 초청장을 발부하는 사무국에 재빨리 지시했다. 한 가지 조건을 충족한 모든 귀빈은 초청장당 2인 입장이 가능하다고 통보했다.

"동반 참석은 부인만 가능합니다!"

그가 즉흥적으로 낸 아이디어는 획기적이었다. 그 즉시 초청장 요청이 절반으로 줄어들었다. 결과는 어땠을까?

남성 귀빈들이 연미복과 각종 훈장이 번쩍이는 제복을 멋들어지게 입고 등장했지만 저녁 행사는 예상만큼 전혀 우아하지 못했다. 파트너의 부재로 행사장을 채우던 세련된 부인들의 연회복과 번쩍이는 다이아몬드와 보석의 광채가 사라진 탓이었다.

1930년대 파리에서는 그랬다!

내가 좋아하는 작곡가들

방금 오페라 이야기를 하고 있었던 만큼 내 음악 취향에 대해서도 몇 자 더 적고 싶다. 음악은 나의 세계이기 때문이다. (그것도 주식시장보다 훨씬 앞선다!)

여행 중 그 지역의 증권거래소를 방문해 보고 싶은 욕구는 쉽게 억누를 수 있지만, 그곳의 오페라나 콘서트를 경험해 보고 싶은 유혹은 차마 이겨 내기 힘들다.

그렇다면 내가 좋아하는 작곡가는 누가 있을까? 솔직히 간단히 대답하기 어렵다. 자칭 열정 넘치는 음악광으로서 말하자면 몬테베르디(Monteverdi)부터 지금 내 정원에서 지저귀는 나이팅게일까지 전부 사랑한다! 진지하게 고민해 보면 특정 상황이나 기분에 따라 유독 선호하는 작곡가가 있긴 하다.

- 바흐: 깊이 생각하거나 철학적 고찰이 필요할 때, 엄격한 논리로 내 사고를 유지해야 할 때 최고의 선택이다.
- 모차르트: 사랑하는 신과 대화해야 할 때
- 베토벤: 나 자신에 몰두해야 할 때
- 하이든: 식사할 때
- 슈베르트: 따라 부를 때
- 쇼팽: 꿈꾸고 싶을 때
- 바그너: 나 자신에 심취하고 싶을 때
- 베르디: 휘파람 불 때 (길거리 구둣방의 수습공처럼)
- 오펜바흐: 샴페인을 음미할 때
- 요한 슈트라우스: 춤출 때
- 리하르트 슈트라우스: 내 귀를 간지럽히고 싶을 때
- 말러: 나 자신을 선동하고 싶을 때. 이 작곡가의 열정에 쉽게 빠져든다!
- 드뷔시: 프랑스의 향기를 맡고 싶을 때
- 거슈윈: 미국에서 보낸 날들의 향수를 떠올릴 때
- 슈톡하우젠: 버릇을 고치려 할 때

좋아하는 오페라와 오페라 명장면

- 〈돈 조반니〉의 처음부터 끝까지
- 〈마이스터징거(Meistersinger)〉의 처음부터 끝까지
- 〈폴스타프(Fallstaff)〉 전체
- 〈카르멘〉 전체
- 〈낙소스섬의 아리아드네(Ariadne auf Naxos)〉
- 〈오텔로〉 1막
- 〈트리스탄과 이졸데〉의 특정 부분
- 〈장미의 기사(Rosenkavalier)〉 중 마르샬린이 옥타비안을 떠나며 부르는 3중창
- 〈발퀴레〉 보탄의 작별

Happy End in Havanna

이제 이어질 이야기는 내가 미국 체류 중 들었던 훈훈한 사연 중 하나다. 뮤지컬 소재로도 손색이 없을 것이다.

큰 규모의 은행가이자 월 스트리트 거물인 스미스 씨는 호화로운 점심식사를 마치고 안락의자에 몸을 기댄 채 상아로 만든 상자에서 커다랗고 굵직한 시가를 꺼내 황금빛 던힐 라이터로 불을 붙이려 여러 차례 시도했다. 그러나 아무리 해도 헛수고였다. 시가는 그에게 단 한 모금도 허락하지 않았다.

이상하게 생각한 스미스 씨는 시가를 더듬었지만 좀처럼 특별한 점을 찾을 수가 없었고, 몹시 의아해 하던 그는 불현듯 시가 안쪽에 종잇조각 하나가 있다는 걸 기억해 냈다. 그는 몹시 궁금한 표정으로 시가에서 종잇조각을 꺼냈는데 그 종이에는 깨알처럼 작은 글씨가 적혀 있었다.

곧장 돋보기를 꺼내 온 스미스 씨는 다음과 같은 문구를 읽어 내려갔다.

"풍요로운 식사 후 이 멋진 시가에 불을 붙이려는 흡연가 님께. 진귀한 이 물건을 저 멀리 하바나의 먼지 자욱한 공장에서 수년을 보내는 몹시 어린 소녀의 손으로 만들었다는 걸 기억해 주세요!"

그 글은 스미스 씨의 심금을 울렸다. 뭔가 꺼림칙한 마음에 곧바로 시가를 버렸지만 머릿속에는 밤낮 할 것 없이 이 기묘한 과정이 불쑥불쑥 떠올랐고, 담배 공장에서 시들어 가며 이 작은 종이 쪽지를 썼을 어린 소녀가 꿈에 나왔다.

그렇게 며칠간 불안한 밤을 보낸 그는 어느 날 그 소녀를 찾아보기로 결심했다. 스미스 씨는 일말의 망설임 없이 하바나로 날아갔다. 그리고 마침내 구구절절한 사연을 쓴 그 꼬마 직공을 만나게 되었다. 그녀를 마주하자마자 사랑에 빠지는 건 정말 순식간이었다. 얼마 지나지 않아 이 아름다운 쿠바 여인을 아내로 맞은 스미스 씨는 그녀를 세상에서 가장 귀한 귀부인으로 만들었다.

당연히 이 사연은 세계 방방곡곡에 퍼졌다. 그러나 이 이야기의 결말은 참으로 안타깝기 그지없다. 모든 시가에 감성적인 러브레터가 몰래 숨겨져 있었던 탓인지 시가 공장들이 줄도산하고 말았던 것이다.

Chapter 5

영원한 예술을 위한 'Cash on the table'?

André Kostolany

진정한 수집가

내 삶에 감동을 선사하는 요소가 음악이듯 미술 또한 많은 문명인과 부유층의 인생에 열정을 불어넣었다.

"돈은 덧없지만 예술은 영원하다."

1920년대와 1930년대에 한 획을 그은 미술상, 조셉 듀빈(Joseph Duveen) 경이 미국 백만장자들을 미술계로 이끌며 늘 입버릇처럼 달고 살던 표어다. 수많은 대규모 컬렉션과 박물관이 미술을 위해 듀빈이 벌인 이 캠페인의 결과물이다. 그의 표어는 지금도 유효할까? 오늘날까지도 미술은 허무한 돈의 가치에서 예금을 지켜 줄 수단인 걸까?

나는 "그렇기도 하고, 아니기도 하다"고 대답하고 싶다. 결론부터 말하자면 그것이 어떤 미술인지, 누구를 위한 것인지 그리고 그 가격이 얼마나 되는지에 따라 정해진다. 여러 수집가는 열정과 애정과 취미로 그들이 애지중지하는 보물들을 모으며 즐거운 경험을 쌓았을 것이다. 물론 매우 이론적이기도 하다. 진정한 수집가라면 자신이 공들여 모은 수집품 중 하나와 떨어지느니 차라리 굶는 것을 선택할 테니 말이다. 반면 투기를 목적으로 미술품에 접근하는 사람도 적지 않다. 이런 부류는 애써 수집한 보물을 매수할 사람을 찾지 못했기 때문에 싫든 좋든 수집가가 된 경우다.

유가증권도 이와 마찬가지다. 주식이 오르면 유능한 투자자로 인정받지만, 떨어지면 한낱 투기꾼으로 전락한다.

그렇다면 참된 수집가란 어떤 사람을 말하는 걸까? 약삭빠른 중개인이나 상인이 '인플레이션 대비'라는 명목으로 특정 물건—그림, 도자기, 은 혹은 카펫—을 떠맡았다고 해서 하루아침에 오를 수 있는 자리는 아니다. 수집가란 타고나든가 좋은 환경이 필요하다.

1940년대 무렵 뉴욕에 사는 친구가 있었다. 나이가 지긋한 스페인 백만장자 호세 라자로(Jose Lazaro)로 정말 열정적인, 수집가의 표본 같은 친구였다. 그림, 오래된 크리스털, 귀중한 도자기 등등 가리지 않고 수집했다. 그런 그의 수집품은 피에르 호텔(Hotel Pierre) 투룸 스위트에 전부 쌓여 있었다.

수집품에 보험을 제대로 들었는지 묻는 내 질문에 그는 이렇게 대답했다.

"뭐하러 말인가? 보험은 기껏해야 돈을 되돌려줄 뿐이지, 이 물건을 대체하지는 못하는데 말일세."

난 때때로 오래된 친구 라자로를 생각한다. 지금 그의 컬렉션은 그의 이름을 딴 마드리드 박물관에 소장되어 있다. 라자로는 그가 모은 컬렉션을 스페인 정부에 기부했다. 그가 세상을 떠나고 전문가들은 그가 수집한 많은 물품이 위조품이라는 걸 밝혀냈지만, 어쨌든 라자로는 살아생전 그 컬렉션을 마치 종교처럼 사랑하고 아꼈다. 수집품을 쓰다듬으며 거기서 방출되는 특별한 기운마저 느끼는 듯했다.

또 다른 수집가로 내 친구 페렌츠 하트바니(Ferenc Hatvany) 남작이 있다. 1990년대 부다페스트와 요하네스버그 증권거래소—몹시 기묘한 조합이지만—에서 자산을 여러 배 불린 그의 아버지는 지인에게 이렇게 불평했다고 한다.

"내 아들은 정말 미친 게 틀림없어. 글쎄 지금 돈을 전부 낙서 같은 졸작 따위에 쏟아붓지 뭔가."

그 '졸작' 가운데에는 고갱, 르누아르, 세잔느의 작품과 더불어 파리와 뉴욕에서 개최된 마네 전시회(1983년 여름/가을) 중 가장 돋보였던 〈폴리 베르제르의 술집(Die Bar der Folies Bergères)〉도 포함되어 있었다.

하트바니는 종전 후 얼마 지나지 않아 이렇게 말했다.

"여기 내 머리칼이 보이나? 술에 취한 러시아 병사가 내 컬렉션 중 가장 아름다운 작품을 훼손한 그날 밤 이렇게 허옇게 세어버렸다네."

예술의 가치

라자로와 하트바니는 예술과 삶 중 하나를 택하라 하면 서슴지 않고 인생을 줘 버릴 '진골' 컬렉터였다. 수집가들에게는 그것이 곧 진리였다. 그들에게 있어 예술이란 감히 신께서 그들에게 허락한 물건이었던 만큼 흡사 종교적 성향까지 띤 그들의 한결같고 경건한 애정은 예술품을 이용해 사업을 하려는 무리와 달리 순수한 보람으로 가득했다. 투기꾼에게 예술이란 종종 실망뿐인 실패작이 되기도 했다.

금과 다이아몬드처럼 예술 작품은 수요와 공급을 기준으로 평가되기도 한다. 그리고 거기에는 오직 심리적 동기가 작용한다(그러나 다이아몬드와 금의 경우 원가가 영향을 미친다). 예술 작품의 가격은 그것을 매입할 능력을 지닌 제3자, 즉 박물관이나 미술상 또는 수집가에 의해 정해진다. '예술을 위한 예술'이 거래되던 그 시절에도 가격은 당대의 유행에 따라 변동했다. 때로는 대중매체와 경매에 의해 내부적으로 부풀려지며 조종되기도 했다.

나도 지금껏 살면서 값진 예술품의 가격 동향과 관련해 최고로 극단적인 상황을 경험한 적이 있다. 세상에서 가장 귀한 컬렉션 중 하나일 마르셀 폰 네메스(Marcel von Nemes) 컬렉션은(뮌헨/베니스) 1930년대에 경매에 부쳐졌지만 당시의 판매 수익은 그의 채무를 변제하기에도 부족했다. 하지만 오늘날 그 작품들은 그 값어치를 숫자로 평가하기 힘들 수준으로 올랐다. 거의 초인처럼 예민한 눈을 지녔던 예술 애호가는 300년 동안 잊혔던 스페인의 위대한 화가 엘 그레코(El Greco)로 인해 재평가받았다. 그의 초기 컬렉션 카탈로그마저 현재 5,000마르크부터 경매에 부쳐지고 있다.

좋은 투자처일까?

앞서 언급한 조셉 듀빈 경은 거대한 미술품 창고를 보유하고 있었지만 제2차 세계대전이 닥치기도 전에 재정적인 곤란을 겪었다. 당시만 해도 잘 안 팔리던 것들 중 일부는 현재 천문학적 금액의 가치에 이르렀다. 오늘날 투자 품목으로 선전되는 현세대의 그림이 정말로 '영원한' 예술이자 좋은 투자처로 인정받을 수 있을까? 여기에는 윤리 · 이론적인 문제도 있지만 무엇보다 '탁자 위의 현금(cash on the table)'으로 인정받게 될 50년, 100년 후의 후대만이 확인 가능하다는 문제가 있다.

Chapter 6

단골 커피숍에서의 담화(II)

André Kostolany

코스토가 내게 그렇게 말했단 말일세

세계적으로 유명한 헝가리 출신의 극작가이자 재치와 유머 넘치는 소설가인 페렌츠 몰나르와 나는 몹시 끈끈하고 친밀한 우정을 나눴다. 유독 날 좋아했던 페렌츠는 특히 증권시장과 경제에 관한 한 내 조언을 무척 중하게 여겼다.

언젠가 그는 뉴욕의 한 커피숍에서 부다페스트 출신의 다른 친구와 언쟁을 벌였다고 한다. 몰나르는 무언가가 아예 불가능하다고 주장했고, 그의 친구는 가능하다고 반박하며 그 주장에 팽팽하게 대립했다.

"아니야, 아니야"라고 몰나르가 반복하자 "맞아, 맞다니까"라며 그의 친구도 맞받아쳤다.

"자넨 자네 말이 옳다는 걸 어떻게 그렇게까지 확신하는 건가?"

골이 난 몰나르가 물었다.

"코스토가 내게 그렇게 말했단 말일세!"

그러자 몰나르는 순간 입을 꾹 다물었고, 더는 그 일을 문제 삼지 않았다.

몰나르가 날 얼마나 중히 여기는지 보여 주는 매우 설득력 있는 신호가 또 있었다. 평소 구두쇠라고 소문이 자자할 정도로 몹시 검소한 친구였지만 그는 종종 자신이 자주 찾는 단골 식당에 날 초대하곤 했다. 레스토랑에 들어설 때마다 그는 웨이터에게 큰소리로 강조했다.

"오늘 주문서는 같이 주시오!"

평소 그가 그곳을 찾을 때마다 습관처럼 하던 말은 "내가 누군가와 식사를 한다면 묻지도 말고 주문서는 꼭 각자 따로 주시오!"였다고 한다. 이 일화를 통해 초대한 사람이 종업원에게 같은 청구서로 주문해 달라고 먼저 강조하는 경우 그것이 상대에 대한 칭찬이자 특별한 인정이란 걸 깨달았다.

몰나르 일화

몰나르의 늑장에 관한 일화는 셀 수 없을 정도다. 보통 그는 오후 3시가 되어서야 깨어나곤 했다. 그가 머무는 호텔에는 무슨 일이 생겨도 3시 전에는 절대로 자신을 방해하지 말라는 엄격한 요청이 거듭 강조되었다.

그러던 어느 날 몰나르는 재판에 참고인으로 서 달라는 법원의 요청을 받았다. 그에게는 너무 '일러도 이른 아침'인 오전 10시까지 법정에 출두해야만 했다. 법원으로 나서기 위해 연신 하품을 하며 반쯤 수면 상태로 간신히 길을 나선 페렌츠는 길거리를 가득 메운 인파에 두 눈이 번쩍 뜨일 정도로 놀랐다.

"참으로 이상하군."

그가 중얼거렸다.

"저들이 전부 참고인이란 말인가?"

젊은 시절 몰나르는 밤마다 커피숍에서 집필하기를 즐겼다. 그는 뉴욕의 한 커피숍을 유독 좋아했다. 지금도 고급스러운 인테리어로 세계적인 유명세를 얻고 있는 커피숍이었다. (초창기 많은 유명 인사가 이 커피숍의 단골이었다. 그때 그 시절의 정신을 떠올리며 회상하고자 지금도 난 종종 혼자 그곳을 방문하기도 한다!) 이 커피숍 구석의 한 작은 대리석 탁자에서 몰나르는 자신의 작품 중 가장 걸작인 희곡 〈릴리옴(Liliom)〉을 집필했다. 그 희곡이 세상에 등장하자마자 언론은 혹평을 쏟아냈다.

"당연하지 않겠니."

그런 세간의 비평에 몰나르의 어머니가 단언했다.

"그렇게 커피숍에서 아무렇게나 쓴 작품이 어찌 성공하겠느냐?"

하지만 〈릴리옴〉은 훗날 이런 모친의 예상과 달리 세계적인 성공을 거뒀다.

세간에 잘 알려진 재산과 수입 탓인지 몰나르의 주변에는 이따금 구걸꾼들이 맴돌곤 했다. 한 번은 카를스바트에서 대뜸 한 남자가 다가와 말했다.

"몰나르 씨, 제 이름은 코박스이고 최근에 파산했습죠. 절 후원해 주실 수는 없을까요?"

몰나르는 망설이지 않고 주머니에 손을 넣어 뒤적이다 100크로네[6] 지폐를 하나 건넸다. 당시에도 100크로네는 그리 큰 액수가 아니었다.

"이게 뭡니까?"

사내가 모욕을 당했다는 어투로 싸늘하게 말했다.

"몰나르 씨 같은 분이 100크로네라뇨?"

"아니죠."

몰나르가 그의 말에 화답했다.

"코박스 씨니까 100크로네인 거죠."

몰나르는 오스트리아 출신의 연출가 라인하르트가 배출한 유명 스타, 릴리 다르바스(Lili Darvas)와 세 번째 결혼한 직후 새로 하녀를 고용했다. 몰나르의 아내는 하녀에게 주의 사항을 말했다.

"무슨 일이 있어도 선생님 작업실 근처에서는 방해가 되지 않도록 유념해 주세요. 일하고 계시니까요."

다음 날 하녀가 부리나케 릴리를 찾아와 말했다.

"자애로우신 부인, 우연히 살짝 열린 방문 틈으로 잠시 보였

6 당시 금액을 정확하게 환산하기는 어렵지만 대략 한화로 1만 원이라고 생각하면 되겠다.

는데 말이죠. 주인님은 일하시는 게 아니었어요. 그냥 글만 쓰고 계시던데요!"

몰나르는 때때로 몹시 건방진 혀의 소유자였다. 특히 몇몇 저널리스트에게는 유독 말이 곱지 않았다.

어느 날 한 유명 편집자가 그의 거처에 머물렀다. 다음 날 아침, 전화벨이 울리고 상대는 베를린에서 온 그 손님을 찾았다. 그러자 몰나르는 망설임 없이 대답했다.

"당장 그 신사분과는 통화할 수 없군요. 편집장이 아직 침대에 뻗어 있는지라!"

돈도, 재화도 없다

첫 결혼을 마친 몰나르가 두 번째 결혼을 하기 전, 독신이던 시절 한 친구가 그에게 물었다.

"페리, 말해 봐. 도대체 왜 계속 집을 사지 않는 거야?"

"나한테는 방이 5개인 근사한 집이 있잖아."

몰나르가 친구의 질문에 대답했다.

"다만 방 사이가 너무 멀다는 게 흠이랄까. 한 칸은 부다페스트 헝가리아 호텔에, 한 칸은 빈의 임페리얼 호텔에, 한 칸은 베를린의 아들론에, 한 칸은 칸의 칼튼 호텔에 그리고 마지막 한 칸은 베니스의 다니엘 호텔에 있으니까."

몰나르는 겁이 많은 편이었다. 그래서 절대로 비행기를 타지 않았다. 지방에 있는 호텔에 투숙할 일이 생기면 그곳에 쓰인 자재와 각종 관련 정보를 전부 꿰뚫고 있어야 안심했다. 할리우드의 거물들은 몰나르에게 끊임없이 러브콜을 보냈다. 그의 작품들이 하나같이 상업 영화에 몹시 적합했기 때문이었다. 그렇지만 몰나르는 계속 고쳐 써야 하는 기술적인 이유를 들며 부정적인 태도를 보였다.

그러던 어느 날 할리우드에서 그에게 열광적인 환영 파티까지 약속하며 할리우드에 도착하는 날까지 체계적으로 짜인 근사한 여행 계획을 떡하니 그의 앞에 내놓았다. 부다페스트 서역에서 쉘부르까지 최고급 열차를 타고 이동하고, 거기서 아름다운 크루즈의 호화로운 1등석 캐빈으로 뉴욕에 입성한 후 곧장 최고급 열차인 퍼시픽익스프레스를 타고 캘리포니아까지 오는 여정이었다.

"괜찮군요, 좋아요."

몰나르가 대답했다.

"그런데 내가 주로 머물던 카페에서 부다페스트 서역까지는 어떻게 이동하는 겁니까?"

몰나르는 누구보다 호기심이 많은 편이었다. 항상 모든 걸 제대로 알고 싶어 했으며 정확한 정보를 원했다.

제2차 세계대전이 끝난 후 처음으로 유럽을 방문한 내게 몰나르는 유럽 순회 후 내가 본 유럽 경제 상황을 짧지만 정확하게 평가해 달라고 요청했다. 그렇게 난 유럽을 한 바퀴 순회한 후 그에게 그가 요청한 내용을 간략히 보냈다. 프랑스에는 돈이 넘치지만 재화가 없고, 이탈리아에는 재화는 많지만 돈이 없다. 스위스에는 돈도 많고 재화도 많다. 독일에는 돈도 없고 재화도 없다.

당시 프랑스는 인플레이션을 겪고 있었다. 밤낮으로 돈을 찍어 냈으나 약삭빠른 독일 점령군이 재화를 모조리 소비해 버린 탓이었다. 이탈리아는 재화를 교묘히 숨겼지만 돈을 찍어 내는 중앙은행이 인색했다. 스위스의 상황은 논평을 미뤄 두겠다. 그리고 독일은 모든 것이 바닥이었다.

몰나르는 여행에서 돌아온 내게 내가 보낸 메시지에 몹시 흡족했다고 치켜세웠다. 그 내용이 당시 유럽 경제 상황을 꿰뚫은 정수였기 때문이었을 것이다.

비망록 Ⅱ

▶▷

잘츠부르크 축제의 파르치발[7] 공연장에서 우연히 증권시장의 옛 동료와 마주친 적이 있었다. 지금까지 단 한 번도 음악에 관심이 있을 거라 생각하지 못한 동료였다. 깜짝 놀라 도대체 여기서 무엇을 하느냐는 내 질문에 그는 "그저 끝나기를 기다리고 있네!"라고 대답했다. 짧지만 많은 의미가 함축되어 있었다.

그 이후 나도 IOS(Investors Overseas Services) 투자, 실버 코너(Silber Coner), 조 그랜빌, 올리그뮐러에 대한 내 견해를 묻는 친구들에게 종종 같은 대답을 하곤 했다.

"부디 끝나기만을 기다리고 있다네!"

▶▷

애초에 신은 돈을 벌라고 남자를, 돈을 지키라고 여자를 창조하셨다. 그러므로 어찌 보면 남자의 씀씀이가 크고 여자가 구두쇠인 모양새가 이상적이라 할 수 있다. 이는 가족을 위해서도 그렇다. 만약 정반

7 중세 성배(Gral) 전설의 영웅

대가 된다면 비극이 찾아올 것이다. 내 가족을 포함해 지인들만 살펴봐도 이를 뒷받침할 근거가 수두룩하다. 평소 아버지는 어머니에게 선물을 할 때마다 항상 가장 귀한 것만을 가져왔지만, 정작 되돌려 받은 건 낭비벽을 탓하는 잔소리가 전부였다.

"도대체 왜 그러는 거예요!"

아버지가 대답했다.

"아무리 봐도 구급상자용 물건보다는 낫지 않소!"

▶▷

현명한 여자라면 하락장 투자자를 한 명쯤 곁에 둬야 한다. 그러면 평생 그녀의 행복이 보장될 것이다.

▶▷

당대 최고의 바이올린 거장 프리츠 크라이슬러(Fritz Kreisler)는 열정적인 투기꾼이었다. 무엇보다 그럴 만한 여유가 있는 사람이었다. 오후에 손실을 봐도 저녁이면 연주로 복구할 수 있었으니까.

▶▷

빈의 유명 시인이자 보헤미안 작가였던 페터 알텐베르크(Peter Altenberg)는 커피숍에서 구걸꾼으로 소문이 자자했다. 어느 날 그는 자신의 형제에게 편지로 부탁했다.

"사랑하는 동생아, 긴급히 1,000굴덴만 보내 주라. 한 푼도 없어. 돈을 전부 은행에 맡겨 놓았거든!"

▶▷

앞서 여러 번 언급한 페렌츠 몰나르는 증권거래 기술에 대해 많은 지식이 있지는 않았다. 그런데도 그는 언젠가 공매도를 일삼는 투자자들에게 "다른 사람들을 빠트리려다 스스로 제 무덤을 파는 사람"이라고 일침을 놓은 적이 있다. (이 말이 시사하는 진정한 의미는 철두철미한 증권 전문가만이 이해할 수 있을 것이다!)

▶▷

프랑스의 위대한 작곡가 자크 이베르(Jacque Ibert)는 예술이란 10퍼센트의 영감과 90퍼센트의 땀으로 이뤄지는 것이라고 말했다. 증권거래에서 땀이란 곧 '경험'을 뜻한다.

▶▷

투자에 실패한 은행가는 종종 사기꾼 취급을 받지만 행운이 따르면 천재가 된다.

▶▷

가난한 유대인은 부유한 유대인을 어떻게 저주할까?

"당신은 당신 가문에서 유일한 백만장자가 될 겁니다!"

▶▷

"듣기로는 당신이 엄청난 행운에 당첨되어 10만 마르크[8]를 얻었다죠. 이제 그 돈으로 뭘 하실 건가요?"

"이제 엄청난 걱정을 해야겠죠."

▶▷

많은 사람이 돈을 필요로 하는 건 소유하기 위해서가 아니라 과시하기 위해서다.

▶▷

돈 많고 어리석은 사람에게 사람들은 항상 그가 얼마나 부자인지에 대해 말하지만, 가난한 바보에 대해서는 그냥 어리석은 놈이라고만 한다.

▶▷

부자가 된다는 건 환경이 동일한 다른 사람들보다 더 많은 돈을 보유하는 것을 의미한다.

8 2001년 이후로 마르크는 사라지고 유로화가 되었다. 교환 비율은 1.95583마르크가 1유로로 알려져 있다. 이를 바탕으로 1마르크를 추산해 보면 650~700원 정도이기에 6500~7000만 원으로 환산해 볼 수 있다.

▶▷

큰돈은, 그것이 설령 바보의 주머니에 있을지라도 효력을 발휘하며 인정받기 마련이다. 돈의 힘은 막강하다!

▶▷

빈 대은행의 회장 호프라트 폰 민쿠스(Hofrat von Minkus)는 인플레이션 기간에 이렇게 말한 바 있다.

“우리는 영리하지도, 유능하지도 않지만, 괜찮을 것입니다!”

그가 지금 이 시점에도 이런 견해를 고집했다면 그는 앞서 나가지 못했을 것이다.

▶▷

대형 금융기관의 외벽 이면에는 모범생이 없다는 걸 알아야 한다.

▶▷

부자가 될 필요는 없지만, 독립적이어야 한다!

Chapter 7

소송과 유언비어

André Kostolany

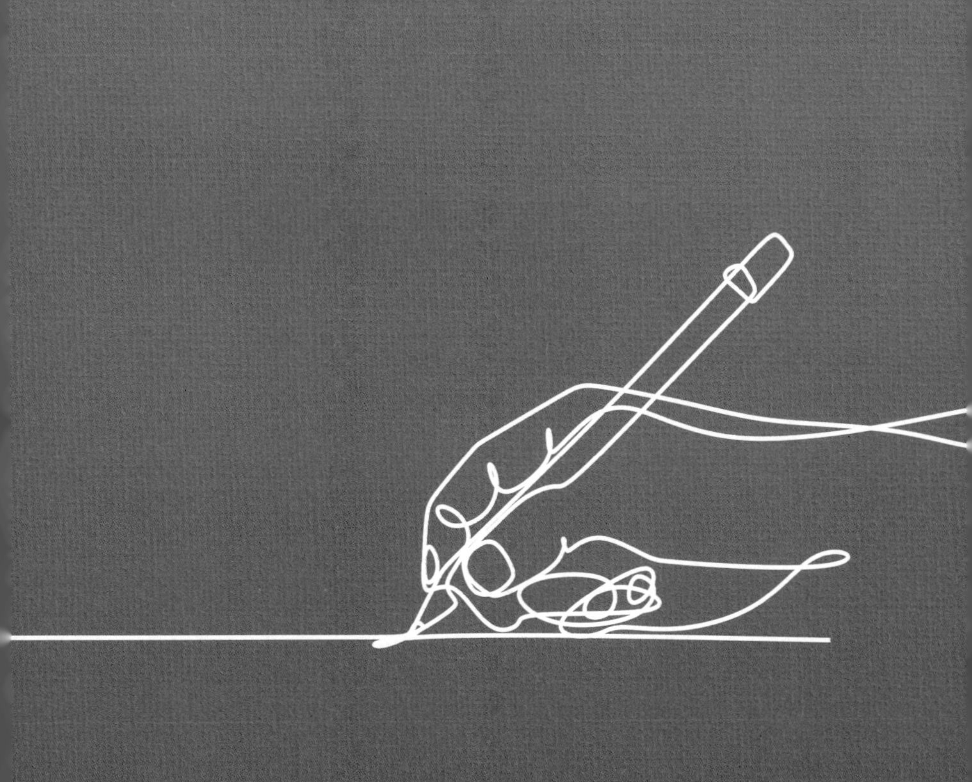

교활한 변호사

천재적일 정도로 기발한 아이디어는 앞서 이야기한 오페라 감독만의 전유물은 아니다. 젊은 시절을 되짚어 보니 몹시 매혹적이고 독창적인 아이디어를 낸 변호사가 한 명 떠오른다. 심지어 책략을 써서 은행을 능가하려던 대담한 발상이었다.

그 변호사의 이름은 카를 에외트뵈스(Karl Eötvös)였다. 그 시절 헝가리에서 가장 잘나가는 변호사였을 것이다. 그는 내게 일화 하나를 들려줬다. 그로부터 수십 년은 족히 흐른, 한참 뒤에 단골 커피숍 탁자에 둘러앉아 있을 때 들려준 이야기다.

부다페스트 대형 은행의 지점에서 근무하던 어느 한 직원은 명문가지만 그리 유복하지 않은 가문 출신으로 경마에 빠진 도박꾼이었다. 경마에 중독된 후 처음에는 얼마 모아 놓지 않은 예금을 날렸고, 그 이후로는 은행 금고에 손대기 시작했다. 남몰래 야금야금 횡령한 금액이 어느새 눈덩이처럼 불어나 2만 굴덴(현재 가치로 약 40만 마르크)[9]에 이르면서 그 직원이 잘 덮어놓을 수 있는 수준을 넘어 버렸다. 그는 많은 다른 도박꾼들이 으레 그렇듯이 언젠가 승산이 적은 말로 대박을 한 번 터트리면 횡령한 금액을 한 방에 갚을 거라고 확신했다. "이길 가능성도 있고 다른 한편으로 잃는 것은 필연적이지만, 한 번 잃은 돈을 되찾는 건 절대 불가능하다!"라고 내가 평소 증권거래든, 카드 게임이든, 경마이든 늘 명심하라고 조언한 말을 그는 알지 못했다.

연말이 되어 은행 전체에 감사가 예정되자 그 청년은 공황에 빠졌고, 눈앞에 감옥에 갇힐 자신의 모습이 선명했다. 망연자실한 청년은 곧장 가문의 변호사—에외트뵈스—를 찾아갔다. 그리고 그간 있었던 일을 전부 솔직히 털어놓으며 당장 목숨이라도 끊고 싶은 마음이라고 울먹였다. 잠시 깊은 생각에 잠긴 변호사가 마침내 청년에게 질문을 던졌다.

"지금까지 그렇게 큰 금액을 몰래 횡령했다면, 금고에서 또 한 번 횡령이 가능한 건가요?"

---

9 1마르크가 원화로 650~700원이라는 계산 아래 2억 6000만 원~2억 8000만 원으로 환산해 볼 수 있다.

"그건 아무 문제도 아닙니다, 변호사님!"

"그렇다면 어디 한 번 아무에게도 들키지 말고 내 손에 2만 굴덴을 가져와 보시죠. 그것도 최대한 빨리 말입니다."

그로부터 정확히 10일 후 은행 직원이 새로 횡령한 돈을 들고 나타났다.

"이제 돌아가 보시죠. 그리고 절대 자살은 생각도 하지 마시고요."

변호사는 곧장 은행 이사회로 달려가 몹시 극적인 방식으로 4만 굴덴을 횡령한 은행 직원이 자살을 운운하고 있다고 보고했다. 그러자 장내에 커다란 소란이 일었다. 이사회는 이 스캔들에 법적 고소를 해야 한다며 강경한 태도로 나왔다.

"그렇게 성급할 필요는 없습니다."

변호사가 아우성치는 이사회 임원들을 진정시켰다.

"그 직원의 가문이 명문가인 이상 저들의 명예를 위해 뭐든 감수하려 할 테니까요."

10일 뒤 다시 은행을 찾은 변호사는 은행 이사회 임원진에 다음과 같이 말했다.

"그 소식을 접한 그 직원의 가문은 지금 정신이 나간 상태로 아들과 가문의 명예를 위해서라면 무엇이라도 하겠다고 합니다. 다만 그 가문이 그리 부유하지는 않습니다. 당장 그들이 긁어모을 수 있는 최고 액수가 2만 굴덴입니다. 그것도 그들에게는 쉽게 구하지 못하는 금액이지만 가문의 명예를 위해 희생할 각오가 되어 있다더군요. 물론 이번 스캔들에 눈을 감아 주는 조건이라고 합니다."

당장 이런 상황에서 마지못해 눈을 감아 주는 것 외에 이사진에게는 다른 선택권이 있을 리가 만무했다.

금융 사건, 소송 그리고 어리석은 유사 사건에 관해 이야기하는 만큼 정말 황당무계할 정도로 터무니없던 위조 사건 이야기를 하지 않고 넘어갈 수가 없다.

사라진 핀 자국

바야흐로 1920년대 중반 헤이그에서 있었던 일이다. 말끔한 외모에 누구나 믿을 만한 인상을 지닌 신사가 환전소에 걸어 들어오더니 1,000프랑 지폐를 팔았다(현 환율로 약 5,000마르크[10]에 해당한다). 그와 비슷한 거래가 하루에도 수백 건씩 이뤄지는 대형 환전소에서는 특별할 것이 전혀 없는 일상이었다.

그 손님이 환전소를 떠나고 한참 뒤에야 환전소 직원은 받은 지폐에 핀으로 찌른 구멍이 없다는 사실을 깨달았다. 지폐 10장을 핀 하나로 고정해 놓는 것이 프랑스 중앙은행(Banque de France)의 특징이었기 때문에 오랜 기간 시장에 유통된 상태라면 여과기처럼 구멍이 있어야 마땅했다. 환전소 직원은 의아한 감이 있었

10 약 한화로 320만 원~350만 원이다.

지만 그 상황을 그리 심각하게 여기지 않았다.

몇 주 후 같은 남성이 다시 찾아와 더 큰 액수를 환전하기 위해 1,000프랑짜리 지폐 다발을 내밀었다. 그리고 그 남성을 알아본 환전소 직원은 그가 요구한 통화를 지불하기 전에 잠시 양해를 구하고 슬며시 옆방으로 가 경찰에 신고했다. 직원은 경찰이 도착할 때까지 그 남성을 붙잡고 있었다. 경찰은 남성에게 신분을 입증할 증빙서류를 제시하라고 요구했다. 그 과정에서 손님은 민간인 복장을 한 고위 헝가리 장교라는 내막이 밝혀졌다. 급히 그가 머물던 호텔 방을 압수수색한 결과 1,000프랑짜리 지폐가 가득 든 여행 가방이 여러 개나 발견되었다. 그리고 과학 검증을 통해 위조지폐라는 사실이 밝혀졌다. 국가 중앙은행 지폐 인쇄기에서나 나올 법한 수준의 굉장히 정밀한 위조지폐였다.

이 사건은 헝가리와 프랑스 사이의 거대한 정치적 스캔들로 번졌다. 이 위조지폐를 고안한 주동자 3명이 너무나 잘 알려진 유명 인사였기 때문이다. 전임 장관을 지낸 루드비히 빈디슈그래츠(Ludwig Windischgrätz) 왕자—1950년대 무렵 파리에서 잘 알고 지내던 그는 몹시 호감 가는 보헤미안이었다—, 경찰청장 그리고 가톨릭 주교가 바로 그 주인공이었다. 그들의 동기는 정치적인 것에서 비롯되었다. 위조지폐로 프랑스에 급격한 인플레이션을 일으켜 프랑화의 하락을 도모하고, 결과적으로 헝가리의 철천지원

수인 프랑스의 경제 파탄을 피하려던 음모였다.

얼마나 터무니없는 계획이란 말인가! 어떻게 고작 수억 프랑으로 대재앙을 몰고 올 만한 인플레이션을 일으킨단 말인가? 정말 유치한 발상이 아닐 수 없었다.

정치적 동기라는 그들의 변명도 급히 지어 냈을 거라 난 확신한다. 이 사건의 진짜 배경은 단연코 돈에 대한 그들의 탐욕이었을 것이다. 조사가 진행되면서 낭비벽이 심했던 이들의 부채가 낱낱이 밝혀졌다. 특히 빈디슈그래츠 왕자는 카드 게임 도박으로 갚아야 할 빚이 상당했다. 그런데도 재판 과정에서 이 파렴치한 범행은 정치적인 행보로 결론이 났기에 그만큼 그들의 형량도 줄어들었다. 이렇게 엄청난 금융 사기 프로젝트가 허탕 치고 만 이유는 사실 바늘구멍 하나에 있었다기보다 오히려 그 반대로 그 있어야 할 바늘구멍이 없었기 때문이다.

추신. 정확히 그로부터 20년 후 제2차 세계대전 동안 나치는 영국을 무너뜨리려는 속셈으로 이와 동일한 수법을 사용했다. 나치는 영국에 인플레이션을 선동하기 위해 파운드 지폐를 위조했다. 정말 진짜 같은 고품질의 위조지폐였다. 그러나 앞서 본 것처럼 이런 계략은 다른 무모한 시도처럼 성공하지 못하고 실패로 돌아갔다.

Chapter 8

투자자의 원더랜드

André Kostolany

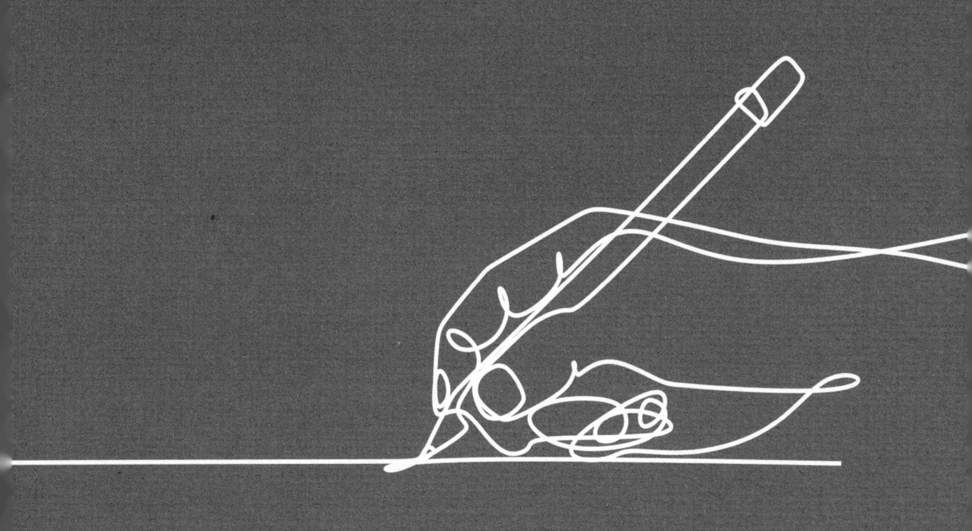

그래도 당신은 좋은 사람이군요

증권거래소 중개인과 함께 일하며 그들의 수수료 계산기가 작동하는 방식을 곁에서 관찰할 때마다 난 과거를 대표하던 증권거래소 중개인을 떠올리곤 했다. 오로지 주식을 '사고, 팔고, 사고, 팔고', 다시 말해 중개수수료를 받을 생각뿐인 사람들이었다. 물론 그들에게도 업무상 큰 비용이 발생하지만, 그런 비용은 시세 차익이 아닌 중개수수료로 충당되었다. 중개인은 항상 고객에게 조언을 아끼지 않는다. 고객에게 이익을 안겨 주기 위함이 아닌 순수하게 수수료를 얻으려는 그들의 피나는 노력이다. 올바른 증권중개인이라면 절대 자신을 위해 직접투자를 하지 않는다. 그것이 올바른 태도라 할 수 있다. 그래야 특정 상황의 압박에 고객의 신경이 날카로워지더라도 중개인만큼은 객관성을 유지할 수 있다.

여러분에게 들려주려는 짤막한 일화는 과거의 주식 거래 중개인들과 증권거래소를 대하는 그들의 입장을 대변한다.

제1차 세계대전이 발발하기 전의 부다페스트는 유럽에서 가장 큰 곡물거래소였다. 밀, 귀리, 옥수수 등의 곡물을 대상으로 한 선물거래에 수백만에 이르는 큰돈이 오갔다. 유럽 전역이 이 선물거래에 뛰어들었고, 헝가리도 마찬가지였다. 그중 덩치가 가장 큰 선수는 대형 농장주들이었다. 풍작이 예견되면 자신이 수확할 곡물뿐만 아니라 그것의 몇 배가 되는 물량을 선물로 내놓았다. 반대로 흉작의 경우 그들은 엄청난 양을 선물로 사들였다.

시세는 끊임없이 요동쳤다. 처음에는 주변에서 관망만 하던 구경꾼들의 욕심도 나날이 커져만 갔다. 온종일 거래되는 품목 중 밀, 보리, 옥수수, 귀리, 고무 등이 인기 품목이었다. 부다페스트 증권거래소가 폐장하면 오후 10시경에야 개장하는 시카고 증권거래소의 마감 시세를 긴장하며 기다렸다. 앞으로의 시세 동향이 포함된 이런 주제는 날씨, 작황 전망과 같은 일상적인 대화로 자리 잡았다.

독일에서 온 모리츠 코브라흐(Moritz Kobrach)는 부다페스트 선물거래소에서 가장 크고 부유한 중개인이었다. 헝가리어는 다소 서툴렀지만 "사겠습니다! 팔겠습니다!" 이 핵심 두 단어만큼은 놀랄 정도로 정확히 이해했다. 더불어 엄청난 재산을 소유한 부자였음에도 코브라흐 씨는 매일 거래로 벌어들이는 수수료로만 생활하는 검소한 사람이었다. 물론 선물거래 의뢰가 늘 쇄도했기에 수수료만으로도 충분히 차고 넘쳤다.

밀 시세가 서서히 하락하던 시점이었다. 코브라흐를 찾아온 한 고객이 시무룩한 표정으로 그의 사무실에 들어섰다.

"코브라흐 씨, 제 계좌는 이미 파산입니다. 상승장을 예상했으나 점점 예상을 벗어나더니 결국 이 지경까지 된 거죠. 완전히 끝장났습니다. 여기 금으로 된 시계와 담뱃갑 그리고 현금 2만 굴덴이 있습니다. 별거 아니어도 제가 소유한 전부입니다. 그러니 부디 이거라도 받으시고, 더는 절 찾지 않았으면 합니다. 주식시장이라면 다시는 마주하고 싶지도 않군요!"

"그래요, 그래. 그래도 당신은 좋은 사람이군요."

코브라흐는 속눈썹 하나 깜박이지도 않고 말했다.

"상승장에 다소 무리한 투자를 하긴 했네요. 정말 운이 없었어요. 그러나 이렇게 냉정하게 인연을 끊는 것은 저의 성향이 아니에요. 주식시장을 제대로 파악하지 못한 것도 꼭 당신 때문만이라고는 할 수 없군요. 그러니 우선 이 시계부터 집어넣으시죠. 그러지 않으면 지금이 몇 시인지조차 확인하기 힘들 테니까요. 그리고 여기 담뱃갑도 받으시죠. 이렇게 모든 사람이 담배마저 끊는다면 담배 독점 시장도 약화되겠죠. 현금 2만 굴덴으로 제게

진 채무를 전부 변제하는 것으로 정리하겠습니다. 하지만 말입니다. 제가 보기에는 밀 시세가 더 하락할 것으로 판단됩니다만 고객님 명의로 10곳 정도에 선물투자 계약을 진행하면 어떻겠습니까?"

순간 남자는 뭐라 답해야 할지 떠오르지 않았기에 잠시 침묵했다. 그리고 그 모습은 암묵적인 동의로 받아들여졌다.

"그래요."

코브라흐가 대답했다.

"풍금은 계속 풍악을 울려야 하죠. 얻는 사람이 있으면 잃는 사람도 있는 거니까요."

이따금 이렇게 고객이 중개수수료를 지불하지 못하는 경우도 있었지만, 그는 그런 자리에서도 앞으로 자신의 몫이 될 수수료를 계산했다. 무엇보다 바퀴란 계속 굴러야 하는 거니까 말이다. 그래야 어떻게든 수수료를 받을 수 있지 않겠는가?

오늘날의 중개인들은 코브라흐만큼 관대하지 않다. 그런 식으로 반응하다 보면 금방 파산할 수밖에 없는 구조이기에 설령 하고 싶다 해도 그렇게 하지 못하는 판국이다. 그 밖에 지금의 정부 규제는 몹시 엄격하고 까다롭다. 그렇지만 주식중개인들은 여전히 어떻게든 그들의 수수료 계산기가 계속 작동하도록 최선을 다한다. 요즘 주식중개인 역시 그들의 신조는 중개수수료 단 하나뿐이다. 그들을 움직이는 마법 주문은 거래량이다. 하루에 거래되는 주식량의 증가란 증권회사의 수익 증가와 같은 뜻이기 때문이다.

이따금 증권중개인들이 속마음을 살짝 비출 때마다 나는 깜짝 놀라곤 한다. 어느 날 한 중개인에게 전화를 걸어 주식 시황을 물었다. 수화기 너머 상대의 대답은 다음과 같았다.

"환상적입니다, 엄청납니다. 거래량이 쇄도하고 있어요. 지금 주식 1억만 주가 거래되고 있습니다. 주식 시세 전광판이 평소보다 10분가량 느립니다."

"그렇다면 지수는 어떻습니까?"

내가 물었다.

"거의 변화가 없습니다."

중개인이 대답했다.

"그런데도 환상적이고 엄청나다고 한단 말입니까?"

나는 다소 불퉁한 목소리로 말했다.

"하루에 수억만 주가 거래되고 있는데 당연히 환상적이죠. 내 말이 틀렸습니까?"

"그런 건 당신들한테나 그렇지, 나한테는 아니죠. 내 관심사는 오로지 시세 변동이니까요. 주식 거래량은 당신들 증권중개인들한테나 중요하지, 우리 고객들에게는 그렇지 않습니다."

솔직히 이런 입장에 반대하는 건 아니다. 어떻게 보면 중개인들이 수많은 예금주를 자본시장으로 끌어들이는 역할을 맡고 있다. 자본주의 체제 전체로 본다면 몹시 유익하다. 도박꾼이든 투자자든, 고객이 많을수록 시장에 자본의 유동성이 확보된다. 시장에 자본 유동성이 원활해질수록 투자자들이 주식에 투자한 자금을 다시 융통하려는 특정 투자자의 보증이 더 확대된다. 유동성이 확보된 시장이라면 우려할 정도의 큰 시세 변동 없이 눈 깜짝할 사이에 수천 주를 매도할 수 있다. 증권시장은 그런 방식으로 예금 자본을 동결 혹은 풀어 주는 실질적인 역할을 수행하고 있다.

평소 알고 지내던 여러 중개인이 전화기를 붙들고 쉼 없이 증권시장에 고객들을 불러들이는 광경을 지켜볼 때마다 '바퀴는 계속 굴러가야 한다'고 말하던 코브라흐의 '철학'이 떠올랐다.

그랬던 코브라흐도 결국 증권시장을 배신하며 떠난 후 가혹한 대가를 치러야 했다. 중개수수료로 벌어들인 돈을 전부 긁어모아 신발 공장을 인수했지만 파산하고 말았던 것이다. 그렇게 재산을 전부 날린 코브라흐는 고향인 독일에서 가난한 말년을 보내다 사망했다.

'절대 패배'의 링

앞서 언급한 것처럼 제1차 세계대전 이전 유럽에서 가장 중요한 곳은 부다페스트 선물거래 곡물거래소였다. 당시 부다페스트가 중부유럽의 곡물창고였기 때문이다. 선물거래가 있는 곳이면 시세 조작을 꾀하는 작전이 늘 존재했다. 시세 조작이란 인위적으로 시세를 올리고 내리는 행위로, 그중에서도 이익집단이 개입하는 경우를 말했다. 당시 종종 이러한 시세 조작의 대상이 된 건 귀리였다. 군대의 이동 수단이던 말의 사료가 바로 이 귀리였다. 지금의 기름과 역할이 같았다.

부다페스트의 귀리 코너

세기가 전환되던 그 무렵 몇몇 투자자는 작황 통계, 일기예보, 오스트리아-헝가리 군대의 예상 소비 추정치를 기반으로 귀리 가격이 오를 거라 예측했다. 즉 상승장에 투자하며 인위적인 가격 인상에 일조하기만 하면 되는 판세였다.

몇몇 투자자의 치밀한 계획에 따라 신디케이트가 결성되었다(이를 코너 혹은 링이라 불렀다). 신디케이트 참여자들은 대리인을 두고 전국 곳곳에서 귀리를 사들였다. 그렇게 시장에 현물의 진입을 차단하는 동시에 증권거래소에 풀린 선물거래계약서를 전부 사들였다. 시세가 서서히 상승하자 약세장을 예측하며 투자한 투자자들은 깜짝 놀랐다. 그들은 오스트리아-헝가리 군대가 필요한 귀리를 전부 비축해 뒀을 거라 믿었을 뿐만 아니라, 시카고의 통신원들에게서 미국 중서부 지방에 풍작이 예상된다는 정보를 확보해 놓았다. 귀리 가격이 비교적 완만하지만 계속 오르자 그들은 이런 움직임 뒤에 은밀한 작전 세력이 있다는 걸 깨달았다. 그들은 이런 음모가 절대 성공하지 못할 거라는 확신 아래 더 많은 귀리 선물계약서를 과감히 공매도해 버렸다.

그리하여 '링(코너)'에 전형적인 상황이 또 한 번 벌어졌다. 불과 몇 년 전 터졌던 헌트 형제의 실버 코너(다음 장 참조) 사례처럼 말이다. 두 사례 모두 신디케이트가 타깃으로 노린 종목의 실제 재고량보다 더 많은 선물계약서를 매입했다. 이것이 그 후 수십 년간 부다페스트 증권거래소에서 사람들의 입에 자주 오르내리며 유명해진 '귀리 링' 사건이었다.

헝가리의 기상예보들은 전부 비관적이었고, 그런 근거를 바탕으로 약세장을 예측한 투자자들은 이제는 피할 수 없는 치명적인 시세 상승을 심각하게 우려했다. 그렇다고 가만히 손 놓고 있을 수만은 없었기에 머리를 쥐어짜며 어떻게든 코너의 작전을 멈출 만한 방법을 고심했다. 그때 누군가가 기발한 묘안을 떠올렸다. 여러 헝가리 일간지에 '군량을 공격하는 파렴치들'이라는 제목으로 기사를 게재하며 선전 활동을 하고, 전쟁부의 아우펜베르크(Auffenberg) 남작에게 대표단을 보내 이런 상황을 부추긴 약탈자들을 응징해 달라고 탄원하자는 계획이었다.

여기서 한 가지를 짚고 넘어가야 한다. 군대에 충분한 양의 귀리가 확보되어 있다는 건 틀린 정보였다.

전 《타임스》만 읽습니다

상승장을 밀던 투자자들은 매일 아침 증권거래소 근처의 작은 커피숍에 모여 아침 식사를 하곤 했다. 그들이 함께 조찬을 들며 작전 회의를 하는 아지트였다. 그러던 어느 날 아침 모든 헝가리 언론사에 국가의 군대를 파렴치하게 이용하려는 증권시장의 악의 무리를 규탄한다는 내용의 기사가 실렸다. 그런 몰상식한 반국가적 행위를 중단시키려면 상급 기관의 특별 조치가 필요하다는 내용이었다. 기사의 주요 공격 대상은 당연히 신디케이트의 수장, 아르민 산도르(Armin Sandor)였다. 누구보다 똑똑하고 노련한 주식투자 전문가인 산도르는 업계의 모든 책략을 꿰뚫고 있었다. 사람들은 원색적이고 저급한 표현으로 그를 비난했다.

신디케이트 동료들은 커피숍에 둘러앉아 수장의 반응을 기다렸다. 마침내 연기가 자욱한 카페에 도착한 그가 동료들 곁에 털썩 앉더니 아무 일도 없었던 것처럼 우유막 커피[11] 한 잔과 버터 키페(Butterkipferl)[12]를 주문했다. 더는 참지 못한 한 동료가 결

11 과거 중부유럽에서는 생크림 대신 우유를 끓일 때 생기는 얇은 막을 넣은 커피를 제공했다.

12 뿔 모양 롤빵

국 일간지에 실린 내용에 관해 묻자 산도르가 말했다.

"저는 《타임스》만 읽습니다."

이 말 한마디로 사람들은 산도르가 영어를 전혀 하지 못한다는 걸 깨달았다.

그 자신의 문제라면 그런 말로 처리되었을지는 몰라도 코너의 입장에서는 그렇지 않았다. 결국 약세장 투자자들이 파견한 대표단과 아우펜베르크 남작—그 이후로 링 참가자들은 그를 '산 위의 당나귀'라고 불렀다—의 공식 회견이 성사되었다. 그리고 마침내 아우펜베르크 남작은 헝가리 정부에 개입해 부다페스트 은행들이 현물을 구입하기 위해 신디케이트에 제공한 지급보증을 즉시 철회하도록 압력을 넣었다. 그로써 코너는 막대한 손실과 함께 파산했고, 약세장 투자자들은 이번에도 '다시' 큰 수익을 거뒀다. 내가 '다시'라는 말을 강조한 건 귀리의 경우 예전에도 종종 코너가 결성되었지만 무슨 이유에서인지 항상 실패로 끝나면서 매번 약세장 투자자들의 주머니만 두둑하게 불려 줬기 때문이다. 그런 이유로 사람들은 귀리를 표적으로 삼은 코너를 '절대 패배'의 링이라 불렀다.

《타임스》에서 뜨거운 소문은 뭐죠?

흥미롭게도 이 사건이 80년 흐른 후에 이 이야기로 나는 이익을 얻었다. 당시 《런던 타임스》의 편집장을 소개받았는데 아주 매력적이고 호감이 가는 인물이었다. 내가 이 이야기를 들려주자 매우 즐거워하며 무료 연간 구독권을 내게 선물했다. 나는 그런 그의 호의에 보답하기 위해 《타임스》에 얽힌 두 번째 일화를 들려줬다.

파리에서 근무하던 당시 독일 프랑크푸르트 태생이지만 '영국 신민(British Subject)'인 뢰벤가르트라는 증권거래소 동료가 있었다. 1914년 제1차 세계대전이 시작되자 독일 출신인 그는 프랑스나 영국에 머무는 것이 두려운 나머지 전쟁이 끝날 때까지 스위스에 머물렀다. 1918년 1차 세계대전이 끝난 후 그는 유효기간이 만료된 영국 여권을 갱신하러 취리히 영사관을 찾았다. 그의 여권을 살펴본 영사는 얼음처럼 차가운 눈빛으로 냉정하게 물었다.

"전쟁 중에 당신이 영국을 위해 한 일이 무엇입니까?"

그러자 뢰벤가르트는 확신에 찬 음성으로 대답했다.

"아침마다 《타임스》를 읽었습니다."

이 이야기에 내 새 친구, 편집장은 큰소리로 웃음을 터트리더니 무료 구독권을 2년으로 연장해 줬다.

나는 그에 대한 감사의 표시로 부다페스트 주간지에서 가장 인기 있는 코너의 제목을 인용했다.

"《타임스(Times)》에서 가장 뜨거운 소문(intimes)[13]은 뭐죠?"

주로 부다페스트에 떠도는 풍문이나 불륜 스캔들 등을 소개하는 코너였다.

이쯤에서 한 가지 짚고 넘어가자면, 헝가리 언론인들과 언론사와 관련해 퍼진 일화나 우스갯소리만 해도 10여 가지가 넘는다. 그중에서도 다음 일화가 가장 압권이다.

인구가 3,000명밖에 되지 않는 어느 지방 소도시의 지역 홍보신문 편집장이 어느 날 저녁 단골 술집을 찾았다. 술집에서 그는 격정적으로 열변을 토했다.

"러시아 황제는 곧 권좌에서 물러나게 될 겁니다. 그리될 게 틀림없어요."

"무슨 일이 생겼나요?"

단호한 그의 장담에 사람들이 입을 모아 질문했다.

"우리 신문에 황제에 관한 신랄한 논설을 썼거든요."

13 타임스 신문 내의 특종. 일종의 언어유희다.

헌트 형제의 실버 링

특히 금융 뉴스를 꼼꼼히 살피는 신문 구독자라면 실버 코너 사건의 전말을 알고 있을 것이다. 이 악명 높은 헌트 형제의 정신 나간 활동을 미국에서는 코너(Corner)라고 불렀고, 독일에서는 독일 전설에서 중요한 역할을 하는 매개체인 링(Ring, 반지)이란 아름다운 단어를 선택했다.

헌트 형제는 실버 링(Sliver ring)을 조직했다. 이제 이 링은 어디에 존속되고 있을까? 원래 은 소비가 생산량보다 컸다는 것이 이들의 근본 전제였다—화학 및 특히 사진 산업 덕분이었다—. 비록 큰 폭은 아니었지만 이러한 공급 수요량의 불일치는 장기적인 관점에서 볼 때 불가피한 가격 인상으로 이어졌다. 헌트 형제는 통계적인 수치를 근거로 다량의 은을 마구 사들였다. 그렇지만 어느 순간 인내심이 바닥난 헌트 형제는 가격 견인을 시도하며 곧

바로 이익을 실현하려 했다. 그들은 그저 그런 수익이 아니라 제대로 된 큰 수익을 원했다.

이런 속셈으로 헌트 형제는 커다란 잡음 없이 선물거래 시장에 풀린 은 계약서를 차츰 사들였다. 동시에 은 제조업체와 미국, 멕시코 등의 거래상에서 꾸준히 이 금속을 구매했다. 그렇게 시세는 서서히 오르기 시작했지만 링 신디케이트는 현물과 계약서를 계속 사들였다. 시세가 너무 고공 행진을 하고 있다고 판단한 투기꾼, 투자자 그리고 전문가들—미국은 물론 홍콩, 봄베이, 멕시코시티 등 은을 생산하는 곳 혹은 막대한 주식이 존재하는 곳이라면 이런 부류의 사람들이 수십만 명에 이르렀다—은 급격한 하락세를 예견했다. 오히려 그들은 가격이 상승할 때마다 보유하지도 않은 은 계약서를 공매도했다. 그렇지만 링에 버틴 덕분에 전문가 집단이 예측한 폭락은 일어나지 않았다. 급기야 시장에 풀린 상품마저 신디케이트가 등장하는 즉시 바닥내는 바람에 은을 눈을 씻고도 찾아보기 힘들 지경에 이르렀다. 신디케이트는 심지어 몇몇 은광의 통제권마저 사들이면서 시장 공급을 완전히 차단하기까지 했다. 연이어 시세가 상승하자 하락장을 예측했던 투자자들도 저돌적인 자세로 선물거래 공매도를 늘려 나갔다.

이윽고 신디케이트가 선물거래 시장에서 실제 상품보다 더 많은 선물거래 계약서를 사들였다는 확신이 든 시점이 도래했다. 엄청난 공세의 시작이었다. 헌트 형제는 대규모 선전과 전 세계 언론을 발판 삼아 계속 선물계약서를 사들이며 은 시세를 천정부지로 끌어올렸다. 당시 그들이 내건 슬로건은 "엄청난 수요에 비해 은 공급은 얼마 되지 않습니다!"였다. 이런 선전에 고객에게 전화를 건 중개인들은 약세장을 예측한 투자자들이 곧 막대한 손실을 볼 거라 호언장담하며 지금이라도 무조건 은 선물계약서를 매수하라고 적극적으로 권유했다. 그들은 그렇게 늘 뻔한 이야기들을 늘어놓았다.

다시 물밀듯이 쏟아져 나온 매수 주문에 또 한 번 시세가 가파르게 상승하면서 기존 매수자의 잔고 또한 날마다 늘어났다. 사람들은 장부상으로만 생긴 이익에 취해 더 많은 선물거래 계약서를 사들였다. 달랑 10퍼센트의 보증금만 지불하면 그만인 너무 손쉬운 게임이었다. 은 시세는 온스당 5달러에서 50달러로 치솟았다.

갈수록 매수자들의 수익도 늘어났고, 그만큼 하락장에 투자한 사람들의 손실도 눈덩이처럼 불어났다. 전 세계 주식투자자들은 이 거대한 포커판의 끝이 어떻게 될지 몹시 긴장하며 지켜보고 있었다. 잘츠부르크의 파르지발—중세 성배(Gral) 전설의 영웅—공연장에서 만난 내 친구처럼 나 역시도 그 결말을 지켜보고 있었다.

마침내 금융 역사에서 매우 흥미로운 한 장으로 기억될 사건이 터지고 말았다. 어느 순간 실버 코너 전체가 카드로 쌓은 성처럼 순식간에 와르르 무너져 버린 것이었다. 부분적으로는 신용대출 규정을 뽑아 든 관계 당국의 개입이 있었고, 한편으로는 시장 전체를 통제하는 데 실패했다. 그리고 또 어느 한편으로는 헌트 형제가 무한한 자금을 동원하는 데 실패했다. 링 자체에서 맡은 역할을 제대로 수행하지 못한 것에 대한 운명의 법칙도 작용했을지 모른다. 화학 산업의 기술 발전으로 은의 공급과 수요 측면에 관한 생각이 예전과 달라진 것도 한몫했다.

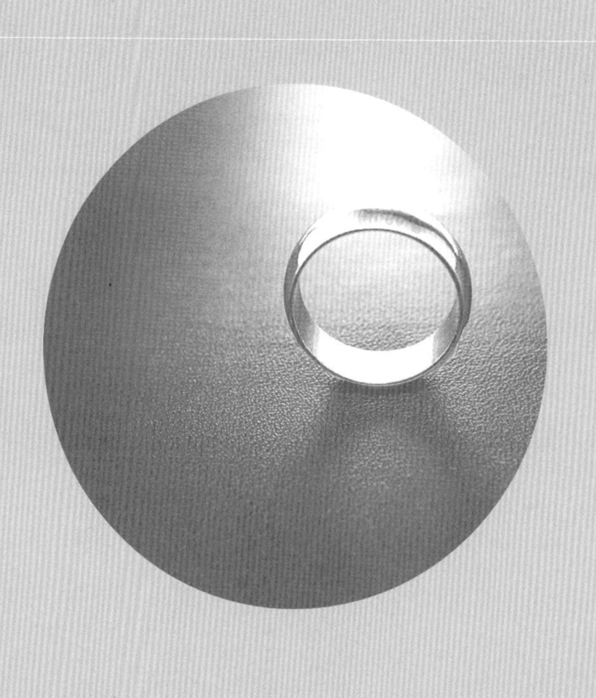

Chapter 9

단골 커피숍에서의 담화(III)

André Kostolany

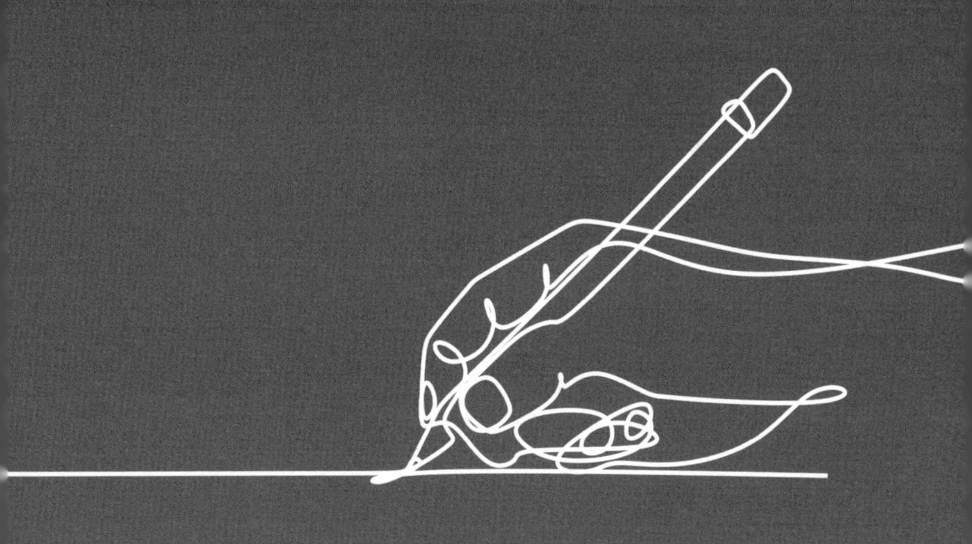

내 친구 보슈코비츠

1920년대 무렵 유럽 전역에는 외환 사업이 번창했다. 특히 암시장이 활성화되어 있었다. 부다페스트, 베를린, 빈, 파리 할 것 없이 수백만에 이르는 통화가 거래되었다.

당시 부다페스트에서 활동하던 보슈코비츠(Boschkowitz)라는 몹시 믿음직한 외환암거래상을 알고 있었다. (암거래상은 종종 증권거래소 중개인들보다 신뢰가 가는 존재다. 수백만을 빌려줘도 1페니 하나 빼놓지 않고 전부 되갚았다.) 어느 날 이 친구가 갑자기 경찰에 체포되어 경찰서로 연행되었다. 담당 경찰관은 그를 비딱한 시선으로 쳐다보며 위협적으로 말했다.

"보슈코비츠 씨, 최근에 달러 거래를 하셨더군요!"

경찰의 심문에 깜짝 놀란 표정을 지은 보슈코비츠가 심각한 표정으로 되물었다.

“그게 문제가 됩니까? 경관님, 그새 달러 거래가 금지라도 되었단 말입니까?”

그러자 머리를 한 대 세게 얻어맞은 듯한 표정을 지은 담당 경찰관이 잠시 미간을 찌푸리며 고민하더니 대답했다.

“뭔가 착오가 있었던 모양입니다, 보슈코비츠 씨. 그만 가 보셔도 좋습니다.”

암시장의 외환거래상들이 얼마나 정직한지를 보여 주는 또 다른 일화도 있다. 제2차 세계대전 이후 암시장에서 큰손으로 활동하던 외환거래상, 니콜라우스 호프바우어(Nikolas Hofbauer)는 외화 보유를 원하는 고객들에게서 많은 금액을 위탁받았다. 어느 날 저녁 호프바우어는 관련 증거를 입수한 외환거래 경찰이 그를 체포하려 한다는 사실을 눈치챘다. 곧장 택시에 올라탄 호프바우어는 돈을 위탁한 고객들에게 돈을 전부 돌려주고 난 후에야 해외로 도피했다.

식객은 어디에나 필요한 법

'빌붙기와 구걸꾼'에 관한 일화는 족히 수백 개가 넘는다. 앞서 소개한 몰나르의 일화 외에 또 다른 일화 하나를 들려주고 싶다. 이번에는 안톤 쿠우(Anton Kuh)에 관한 일화다.

안톤 쿠우는 가히 구걸꾼계의 왕이라 할 수 있었다. 빈에서 출생한 그는 주로 베를린에 거주했다. 쿠우는 스스로를 '저널리스트'라고 칭했지만 실제로 집필하는 경우는 거의 없었다. 그 대신 많은 사람과 재치 있는 대화를 하며 의견을 주고받는 걸 즐겼다. 사람들은 입담이 좋고 유쾌한 그와 친분을 유지하기 위해 때때로 돈을 빌려 달라는 그의 행태를 묵인해 주곤 했다.

히틀러가 집권한 후 쿠우는 "식객은 어디에나 필요하다"는 논리를 펼치며 미국으로 향했다. 히틀러의 정의에 따르면 쿠우는 '완전한 아리아인'이었지만, 그의 주요 고객이었던 베를린의 부유한 유대인 친구들을 따라간 것이다.

빌붙기는 그의 삶의 정수였다. 나는 종종 파리에서 그와 마주치곤 했다.

"담배 한 대만 주시죠."

언젠가 그가 내게 부탁했다. 마침 그때 담배를 지니지 않았던 터라 난 그에게 정중하게 사과했다. 그의 반응은 재치가 넘쳤다.

"그러면 10프랑만 주시죠. 제가 직접 가서 사 오죠, 뭐."

한 번은 친구한테 1,000마르크를 빌려 달라고 부탁했다. 그러나 친구는 그 자리에서 그에게 500마르크만 빌려줬다. 그대로 친구의 손에서 돈을 휙 가로챈 쿠우가 말했다.

"그럼 이제 어떻게 되는 거야? 이제 자네가 나한테 아직 500마르크를 빚진 건가, 아니면 내가 자네한테 갚아야 하는 건가?"

나도 알지, 친애하는 앙드레

나와 친한 지인들 중에도 정말 기가 막힌 빌붙기 대왕이 있다. 그의 이름은 요쉬(Joshi)였다. 요쉬는 친구들을 마치 자신을 부양해야 하는 납세자처럼 보는 경향이 있었다. 하지만 그와 함께 하는 시간이 몹시 재미있고 배울 점도 많았기에 나 또한 그가 매긴 이런 세금을 기꺼이 지불하곤 했다. 그는 매년 갚지도 않으면서 계속 돈만 빌려 갔다. 그러다 언젠가 본인의 신용이 바닥이라는 소문을 들었는지 몹시 떨리는 음성으로 내게 선언했다.

"친애하는 앙드레, 나도 내가 이미 5,000프랑이나 빚졌다는 걸 잘 알고 있네. 그 문제는 항상 염두에 두고 있다네. 그런 내 생각을 자네도 잘 알고 있으리라 믿고, 지금 이건 이자라네."

당장은 변제 능력이 없다는 선언이나 다름없었지만, 적어도 그의 입장에서는 그것으로 자신의 지급 능력을 입증했다고 자부했던 웃지 못할 사연이었다.

미묘한 정치철학적 질문

오늘날 사람들이 언급하고 기사화하는 채무국들의 행태가 전부 이런 식이 아니었던가? 채무국 대다수는 내 친구의 우아한 제스처와 같은 노력조차 보여 주지 않았고, 심지어 이자를 지급할 때조차 추가로 차입한 금액으로 충당했다.

그런데도 오늘날 서유럽 정치인들은 하나같이 '제3세계 국가들'을 위한 지원을 더 많이 늘려야 한다고 촉구하고 있다. 머릿속으로 그들이 변제해야 할 액수를 먼저 계산해 보기를 바란다. 무려 5000억 마르크에 달하는 '제3세계 국가들'의 채무액과 1000억 달러에 이른 동구권 국가들의 채무액이 전 세계 인플레이션을 일으키는 주요 원인이라는 걸 깨닫게 될 것이다. 무역차관 혹은 금융차관에 의한 것인지는 솔직히 중요하지 않다. 어차피 돌려받지 못하는 건 매한가지다. 액수가 너무 크다 보니 실질적인 상환이 불가능하다.

6000억 마르크에 해당하는 물자를 산업 국가에서 수출하고, 외상 거래를 한다는 것은 수출 국가에 심각한 인플레이션을 야기한다. 이런 방식의 수출이 노동시장을 촉진한다는 견해가 새빨간 정치적 거짓말까지는 아니더라도 경제학적인 측면에서는 확실히 터무니없는 헛소리다. 수천억 마르크라는 이 엄청난 액수가 서유럽 국가들의 국민총생산에서 각출되어 저들에게 선사된 것이나 다름없기 때문이다. 그리고 그 결과는 곧 인플레이션을 의미한다.

따라서 유일한 해결책은 자동화와 경영의 합리화를 통해 경제 생산성을 높이는 것이다. 그러기 위해서는 대규모 투자가 필요하지만 이는 또 다른 인플레이션을 일으킨다. 만약 서유럽 국가들의 국민총생산 중 일부를 다른 국가에 지원하려면, 서유럽 국가의 생활 수준을 현저히 낮추는 수밖에 없다. 그러나 노동조합, 농민 그리고 서유럽에서 근로 생활을 하며 동시에 유권자인 사람들이 동의할지가 가장 결정적인 문제다. 그러므로 채무자의 정서적 입장과 채권자의 행복은 양립될 수 없다.

얼마 전 나는 중국의 한 고위 외교관에게 중국 정부가 외국에 진 빚을 조금이라도 변제할 계획이 있는지를 물었다. 그의 대답은 몹시 정중하면서도 의미심장했다.

"그게 무슨 말씀입니까? 우리는 서방국가에 갚아야 할 채무가 전혀 없습니다. 오히려 정반대죠. 서방국가들이 지난 수백 년 동안 약탈해 간 모든 것에 대한 배상 의무가 있을 뿐이죠!"

그렇다면 도대체 누가 누구에게 무엇을 빚지고 있는 건가? 이것은 몹시 미묘하면서 까다로운 정치철학적 문제다. 이때 우리는 서둘러 연대 의식에 호소해야 한다. 부자가 된 산유국들과 가난한 사촌들의 가족 문제라는 의식에 빗대어 시작하는 것도 한 방법이다. 가난한 이웃 국가들이 고공 행진하는 유가에 고통받는 실정이라 더더욱 그렇다.

차라리 우리 둘 다 나쁜 사람이 되면 어떻겠나?

물론 채무국의 어려운 처지를 넓은 마음으로 포용하고 더 많은 선물을 계속 보내는 방안도 있다. 좋다, 하지만 그러려면 그 누구도 인플레이션과 그에 따른 결과에 한탄도 하지 말고 각자 허리띠를 단단히 조여야 한다.

또 한 번 반복해서 말하지만 채권자가 좋은 채무자를 만나는 것보다 채무자가 제대로 믿어 주는 채권자를 만나는 것이 훨씬 중요하다. 제3세계, 제4세계와 공산주의 세계는 채권자 선택이라는 면에서 몹시 운이 좋았다고 할 수 있다.

채권자 또한 비겁하고 어리석거나 책임 회피적인 태도를 취하지 않으려면, 이제부터라도 채무자의 지속적인 변제 요구에 현실적이고 영리한 그륀처럼 대답해야 한다. 그륀은 빌린 돈은 갚지도 않으면서 계속 돈만 더 빌려 달라고만 하는 친구에게 이렇게 말했다.

"콘, 여기 좀 보게나. 어차피 자네가 나중에 갚지도 못할 텐데 우리가 이렇게 싸우는 것이 무슨 의미가 있겠는가? 그럴 바에야 그냥 우리 둘 다 나쁜 사람이 되고 말지. 난 그냥 한 푼도 주지 않겠네!"

비망록Ⅲ

▶▷

사람들은 날 종종 '주식 전문가'라고 부른다. 그런 찬사를 받아들인다면 그건 내가 내일 주식시장이 어떻게 될지 알기 때문이 아니라 오늘 그리고 어제 주식이 어땠는지 알기 때문일 것이다. 대다수의 전문가가 그런 것조차 알지 못하기에 그것만으로도 대단하다고 할 수 있다. 그들은 뉴스가 시세를 형성하는 것이 아니라 주가가 뉴스가 되고 계속 퍼트린다는 사실조차 제대로 모르고 있다. 미래를 예측하는 건 불가능하지만 때로는 전적으로 짐작할 수 있다. 아무리 깜깜한 어둠 속이라도 다년간 주변을 더듬어왔기에, 이제 막 그 어둠 속에 들어온 사람보다 훨씬 쉽게 대상을 찾을 수 있는 것이다.

▶▷

현명한 투자자는 바보의 말도 이해한다.

▶▷

주식시장은 음악 없는 몬테카를로라는 옛 격언도 있지만 나는 주식시장이 음악으로 가득한 몬테카를로라고 주장하고 싶다. 다만 그 음악의 올바른 음률을 알아들으려면 안테나가 필요하다.

▶▷

대다수의 증권거래소 동료는 서로의 의견에 맞서며 토론하기보다 동의하는 걸 선호한다.

▶▷

만약 주식시장에 바보들이 없다면 어떨까? 그리고 모든 수치를 파악하는 슈퍼컴퓨터가 있다면 주식시장은 어떻게 될 것인가? 이 두 가지 의문에 대한 내 답은 이렇다.

"그럼 주식시장도 없겠지!"

▶▷

주가가 오르면 대중이 모이고, 주가가 하락하면 대중도 떠난다.

▶▷

때때로 우연은 잘못된 투자를 구하기도 한다.

▶▷

인생에서 모든 것은 상대적이다. 주식시장과 금융계에서는 유독 그렇다. 금리가 너무 높거나 낮든지, 통화량이 적거나 많든지 또는 달러가 저평가 혹은 고평가되어 있는지처럼 결국 모든 것이 상대적이다. 뼛속까지 보헤미안이었던 내 친구처럼 말이다. 옷장에 셔츠가 달랑 두 벌밖에 없었던 친구는 다른 셔츠와 비교해서 상대적으로 지저분해 보일 때까지 주야장천 한 셔츠만 입었다.

▶▷

투자자에게 있어 충분히 고민하기 전에 행동하는 것보다는 깊이 고민하고 아무 행동도 하지 않는 것이 유익하다.

▶▷

철두철미한 투자자는 서너 배의 수익을 기대하는 주식만을 매수한다. 그러다 보면 10배의 수익을 올릴 수도 있다. (나도 그런 경험이 여러 번 있었다.)

▶▷

상인이 물건을 팔아 100퍼센트의 이윤을 남기면 사람들은 그것을 사기라고 부른다. 그러나 나는 주식투자자가 2배 오른 시세에 주식을 팔아 시세 차익을 보는 행위를 정상적인 수익이라 부른다.

▶▷

노년의 투자자에게 있어 가장 큰 불행이란 지금까지 많은 경험을 쌓은 대신 대담성을 잃어버린다는 데 있다.

▶▷

투자자가 어떤 조언에 "예"라고 말한다면 그건 "아마도"라는 의미이고, "아마도"라고 말한다면 "아니요"라는 뜻이다. 만약 즉흥적으로 "아니오"라고 말한다면 그는 진정한 투자자가 아니다.

▶▷

은행 직원이 어떤 제안에 "아니오"라고 대답한다면 그건 "아마도"라는 뜻이다. 또 "아마도"라고 대답한다면 그건 "예"라는 뜻이다. 만약 그가 즉흥적으로 "예"라고 대답한다면 훌륭한 은행가라고 할 수 없다.

▶▷

"은행가는 높은 이자율을 추구하기에 하나님에게 멸시당한다."
예수는 성전에서 환전상을 쫓아내고 그들의 식탁을 부숴 버렸다. 오늘날까지도 악독한 은행가와 은행은 논란거리가 많은 뜨거운 주제다. 그들을 대하기가 힘들지만 그렇다고 또 그들 없이는 해낼 수가 없다. 오늘날의 진실은 은행의 부채가 실질적으로 국유화된 반면, 자산은 민영화되어 버렸다. "사업? 그거야 몹시 간단하지, 그냥 다른 사람들의 돈으로 하는 걸 의미하는 거잖나"라고 말하던 프랑스의 소설가, 젊은 알렉상드르 뒤마(Alexander Dumas)가 옳았다.

▶▷

워싱턴에서 밤낮으로 돌아가는 유일한 공장은 돈을 찍어 내는 돈 공장, 즉 미국 조폐국이다.

▶▷

투자자는 주식으로 번 돈의 5분의 1로 생활하고, 5분의 4는 주식 중개인에게 돌아간다.

▶▷

언젠가 한 철학 교수를 소개받은 적이 있었다. 평소 얼마나 복잡하고 난해하게 말하고 글을 쓰는지 사람들은 그의 생각을 대략 추측할 정도였다. 하지만 그에게는 성인들에게 있을 법한 아우라가 있었다. 사람들이 이해하지 못한 그것은 그에게 명성을 가져다줬고 그를 더 신비롭게 보이게 했다. 그런 허황된 약속이 심해질수록 그를 따르는 사람들의 수는 늘어났다.

▶▷

황금의 구루가 활짝 웃을 때면, 수백만 명이 눈물을 흘린다.

▶▷

거짓되고 의뭉스러운 이론은 명확한 지식과 확고한 의지로만 맞서 싸울 수 있다.

Chapter 10

단골 커피숍에서의 담화(IV)

André Kostolany

넌 천재로구나, 아들아!

주로 국제 금 시장에서 시세를 견인하는 건 소련과 남아프리카의 역할이었다. 그들은 종종 금보다 돈이 필요했다. 그리고 그 귀한 물건을 충분히 비축해 둔 국가에서는 금이 다른 물건처럼 상품이라는 걸 깨달았다.

이 황금빛 금속에 목숨을 거는 금 마니아는 언제나 있었지만, 그들도 특정 시세에 이르면 더 이윤이 되는 것으로 교환하기 위해 보유한 금을 판매했다. 마치 그림과 사랑에 빠져 있지만, 더 아름다운 작품을 발견하면 기존에 애정을 쏟아붓던 그림과 작별하는 여러 예술 수집광과 같았다. 더러 대가만 상응하면 부인마저 파는 파렴치한 남성도 있었다. 정말 내 눈으로 직접 목격한 일이었다. 그리고 모든 귀중품과 투자 대상인 물품은 전부 그런 식이었다.

솔직히 시세 차익보다 더 많은 이자로 손해를 봐야만 했기에 다년간 금을 보유하던 사람은 그 결산 내역을 누구보다 잘 알고 있었을 것이다. 그리고 점차 그들은 열성적인 금 수집광의 비효율적인 방식에 불만이 쌓일 수밖에 없었다.

아주 잠시였지만 경종을 울리는 사건이 있었다. 미국과 그 여파로 서유럽까지 석유 보이콧으로 인한 경제 위기를 경험했다.

전 세계 관객을 황금에 빠진 얼간이로 만드는 건 프리토리아 계급과 소련의 신사들—이어질 '황금투기꾼, 소련' 장 참조—에게는 아이들 장난이나 다름없었다. 수많은 가설이 돌고 돌았다. 결국 금 시장을 좌우하는 건 이성적인 고찰이 아니라 심리적 요인이었기 때문이다.

금 시세와 더불어 '표준 금 시세 vs 유연한 환율'에 관한 뜨거운 논쟁이 이어졌지만, 결국 장기간에도 답이 나오지 않는 힘겨루기의 대상으로 등극하고 말았다. 특히 미국과 남아공 간 마찰이 각별했다. 프롤레타리아 계급의 승리를 점치던 이들은 결국 고배를 마셔야만 했다. 미국은 끝내 경제 위기를 극복했고, 오늘날 자유세계의 '단단한 성'을 다시 구축했다. 미국의 달러화는 프랑스인들이 프랑스 은행(Banque de France) 벽에 화폐로 벽지를 바르려던 것처럼 무가치한 종잇조각이 아니었다. 진실의 시간이 찾아온 것이다.

오늘날 곳곳에 들리는 황금에 눈먼 열광자들의 한탄—특정 출판물, 증권가 소식, 전문가 인터뷰 등—은 우습기만 하다. 그들은 금 시세를 끌어내리려는 배후 세력의 조작이 추정된다며 미국 연방준비제도(Federal Reserve)와 재무부의 책임감 넘치는 개입을 호소했다. 그렇지만 첫째, 그것은 범죄가 아니었고 둘째, 말 그대로 터무니없는 주장이었으며 셋째, 가장 큰 조종자는 항상 남아공에 있었다.

유대인들은 이런 전망에 걸맞은 우스갯소리를 건네곤 했다. 멈추지 않고 금 시세의 상승을 주도하다 얼굴이 시퍼렇게 멍투성이가 되어 버린 이들에게 꼭 맞는 이야기였다.

그륀이라는 젊은이가 돈을 벌기 위해 대도시로 이주했다. 어느 정도 시간이 흐른 후 그륀은 아버지에게 전화를 걸었다.

"아버지, 장사가 잘되고 있어요. 100을 주고 염소 가죽을 샀는데 오늘 시세가 130이 되었어요."

"잘했구나, 아들아."

한 주가 지나고 그륀은 다시 아버지에게 전화를 걸었다.

"오늘 염소 가죽 시세는 150이에요."

"넌 천재로구나, 아들아!"

몇 달이 지난 후 다시 연락이 왔다.

"아버지, 오늘은 시세가 드디어 200이 되었어요."

"굉장한데?"

그린의 아버지가 몹시 기뻐하며 말했다.

"이제 어서 염소 가죽을 팔고 수익을 챙기려무나."

"가능하다면 저도 그러고야 싶죠."

다소 시무룩해진 아들이 말했다.

"누구에게 팔죠? 제가 가장 큰 구입상이었는데요."

세계 금 시세의 안정화를 위해 다년간 금을 사들이던 남아공이 연상되었다.

마티아스는 주인으로서 제 자격을 입증하지 못했지

조상 대대로 투자가 가족의 핵심 의사결정인 가문에서 주식 시장에서 성공한 일원은 천재 대우를 받고, 운이 따르지 않은 일원은 바보라고 불리는 건 그리 새삼스럽지도 않다. 기억상 헝가리와 프랑스의 경우 대학 공부에 적성이 맞지 않는 어리석은 자식은 증권거래소로 보냈지만 말이다. 처음에 사환부터 시작한 은행장 대부분은 현장 실습을 거치며 그렇게 경력을 쌓았다. 그리고 그 분야에서 자격을 갖춘 후 비로소 천재의 반열에 올랐다.

옛 부다페스트에 세인의 존경을 받는 폴리처라는 가문이 있었다. 이 가문은 부다페스트의 증권거래소와 상품거래소에 큰 영향력을 행사했다. 이 가문의 자제들 중 마티아스라 불리는 한 아들은 유능한 투자로 가문에서 인정받았고, 그 후 자신의 돈으로 투자를 하기 위해 독립했다.

어느 날 마티아스는 잘못된 투자로 보유한 재산 전체를 날리고 빈털터리 신세가 되어 버렸다. 가문에서 가족회의가 소집되었다. 마티아스의 투자를 상세하게 검토한 가문은 최종적으로 "마티아스는 주인으로서 제 자격을 입증하지 못했기에 앞으로 하인이 되어 책임을 진다"라는 엄격한 명령을 내렸다. 여기서 '주인(Herr)'이란 자산으로 독립적인 투자를 허용한다는 것을 의미하며 '하인(Subjekt)'이란 가문이 소유한 기업의 작은 바퀴가 되는 것을 의미했다.

마티아스는 타고난 천성 자체가 유희하는 인간(homo ludens)이었다. 투자의 신이 그런 그를 그렇게 쉽게 놓아 줄 리가 없었다. 마티아스는 시카고는 물론 리버풀과 부다페스트에서 발행되는 주식시장 관련 신문과 잡지들을 계속 검토하며 주시했다. 그리고 이런 방식으로 어느 날 당시에 제대로 평가를 받고 있지 못한 귀리와 호밀이 투자처로써 크게 매력적이라는 것을 발견했다. 마티아스는 수중에 있는 소액으로 관련 주식을 사들였다. 시세는 그가 기대하던 대로 치솟았고 마침내 첫 수익을 올렸다. 비록 많지는 않아도 마티아스는 다시 자신의 능력으로 재산을 일궈 나갔다. 그리고 결산을 마친 마티아스는 다시 자신의 능력으로 직접

투자를 해 보겠다고 선언했다. 다시 소집된 가족회의에서 오랜 토론 끝에 "마티아스가 하인으로서 제 능력을 충분히 입증했기에 다시 주인이 될 수 있다"라는 새로운 결론이 내려졌다.

다양한 분야에서 활동하는 포트폴리오 매니저의 성공담과 실패담을 접할 때마다 불현듯 이 이야기를 떠올리곤 했다. 금융자산가의 운명은 내 친구 마티아스와 크게 다르지 않다. 그리고 이 이야기에 담긴 지혜는 실제로 모든 인생과 직업에 적용된다.

사랑에 빠진 경제부 편집장

흘러간 옛이야기에는 지난 세기의 사랑스러운 분위기가 고스란히 담겨 있기에 헝가리에서 있었던 일화를 하나 더 소개하려 한다. 저도 모르게 스스로 속마음을 털어놓은 내 오래된 친구의 사연으로 듣고 적잖이 충격받았던 기억이 있다.

헝가리의 최대 신문사 부다페스트 신문에서 명망 높은 경제부문 편집장이었던 벨라 피알라-되리(Béla Fiala-Döri)는 경솔하게도 한 매춘부와 사랑에 빠져 버렸다. 그들이 아주 먼 영국 왕족의 혈연관계라는 사실도 이미 나빠진 평판을 개선하지는 못했다.

벨라의 열정은 그가 이 사랑을 위해 부인과 다섯 아이를 버리려고 결심할 정도로 심각해졌다. 정계와 경제 분야에서 존경받는 유명 인사인 친구들이 그를 붙들고 격렬하게 다그쳤다.

"자네 지금 힌츠와 쿤츠와도 한 침대에 있던 그런 '여인'을 위해 아내와 가족을 버린다니, 설마 미치기라도 한 건가?"

"그럴지도."

피알라-되리가 대답했다.

"하지만 이제는 돈 때문에 나랑만 잔다네!"

Chapter 11

달라서 좋다

André Kostolany

유로 달러 채권

증권시장에서 수년을 보냈지만 그 어디에서도 진실된 말 한 마디가 들리지 않는다. 국가에 각종 외환 규정이 도입되어도 숙련된 조작 세력이 막대한 이윤을 남길 만한 허점은 언제나 존재한다.

이와 관련해 취리히로 이주한 부다페스트 출신의 유명 암거래상이 떠오른다.

"말해 보게, 이곳에서 금지된 것은 무엇인가?"

금융시장에는 항상 금지된 사업에만 관심을 갖는 투기꾼들이 있다. 사전적으로 주식·외환 등을 한 지역에서 사서 더 비싼 지역에서 파는 것을 의미하는 국제 재정 거래에서 사업의 일환이 적법하지 않아야만 실제로 이윤이 생기는 것도 사실이다. 사업에 조금도 불법적인 요소가 없다면, 대형 은행의 개입 아래 양국 간 마진이 불과 한 자릿수 백분율로 감소하도록 통제된 것이다.

지난 20년간 사람들은 유로 달러[14]에 대해 놀랄 정도로 많은 글을 썼다. 그렇지만 매우 능통한 경제전문가들을 제외하면 이를 제대로 이해하는 일반인이 있는지는 다소 회의적이다.

사실 화폐가 아닌 유로 달러는 채무로 표기한다. 즉 미국이 아닌 국가들에게 달러를 보유하라고 요청하는 것이다. 미국이 아닌 국가(채권자)는 징수한 이자에 세금을 낼 의무가 없다. 이것이 바로 유로 달러 체제의 골자다. 즉 유로 달러 채권은 경우에 따라 대출이 발생해도 손에 현금이 쥐어지지 않는다.

그렇다면 왜 사람들은 전 세계에 '융통되는' 1000억 유로 달러에 대해 말하는 걸까? 아주 간단하다. 이 달러가 제공되면 누군가에게 전혀 뜯기지 않을 거라는 맹랑한 주장으로 달러화 공황을 선동하기 위함이다.

도대체 이런 유로 달러화는 어떻게 형성되는 걸까? 영국 은행에서 미국에 100만 달러를 차관한다고 가정해 보자. 이 금액을 다시 프랑스 대형 은행에 일본 상품을 위한 자금 조달 명목으로 빌려준다. 처음에 100만 달러였던 금액은 이제 300만 달러로 늘어난다. 하지만 일본은 이 상품을 중국—중국은 상품 대금에 채무가 있다—에 공급하고, 중국은 이것을 다시 태국—태국에도 지

14 미국 이외의 금융기관, 주로 유럽의 은행에 예치되어 있는 달러 자금을 말한다.

급 의무가 남아 있다—에 공급한다. 그렇게 100만이었던 금액은 이제 500만 달러가 되었다.

언젠가 한 프랑스 친구가 부다페스트 도시 자체는 그리 부유하지도 않고 시민들도 그리 잘 지내지 못한다고 연신 투덜거리면서도 어떻게 이렇게까지 잘사는 거냐고 질문했다. 이에 나는 "아주 간단하네"라고 대답했다.

"부다페스트 전역에 1,000포린트[15]가 있다네. 그런데 이 1,000포린트가 소비, 차용, 선물 등 날마다 이 주머니에서 다른 주머니로 옮겨 다니는 거지."

심지어 도난당하기도 한다.

"그러나 어디에 있든 결국은 똑같은 1,000포린트라네."

나는 칼럼에 여러 차례 글을 쓴 적이 있다. 달러 시세의 추이는 달러 채권자와 달러 채무자 중 누가 먼저 두려움에 빠지는지에 달려 있다고 말이다. 그리고 오늘날 우리는 당시 공황에 빠진 주인공이 채무자였다는 걸 알고 있다. 미국 대통령에 레이건이 당선되자 모두가 달러 거래에 맹렬히 달려들었다. 앞으로의 달러 강세를 우려해 어떻게든 서둘러 채무를 상환하기 위해서였다. 무

---

15 헝가리의 통화

능했던 카터 정부 아래 달러는 약세를 유지했기에 이는 몹시 논리적인 판단이었다. 그리고 강력한 레이건 정부의 지휘 아래 달러는 다시 강세로 돌아섰다.

코박스와 스자보의 파산

얼마 전까지만 해도 '달러 공급과잉'이라는 명목 아래 달러 공황을 부추기던 바로 그 비관론자들이 오늘날 뜨거운 화염 속에서 비명을 지르며 고통받는 모습은 놀랍기 그지없다. 많은 채무자가 지금껏 무가치하다고 부르짖으며 '한낱 종잇조각으로 추락해 버렸다던 달러'를 갚을 여력이 없었기 때문이다. 그들은 국제 금융 체제가 완전히 붕괴할까 봐 두려워했다. 그렇지만 이 책의 초반부에 언급했듯 그러한 금융 체제의 붕괴는 절대 없을 것이기에, 앞으로는 그런 결말을 운운하던 비관론자들이 크게 좌초할 일만 남았다. 국가 파산, 재앙적인 금리, 이 모든 것이 전부 공허한 말장난에 불과하다!

물론 나 또한 몇몇 국가의 채무가 상당한 규모라는 걸 인정한다. 하물며 활용 가능한 방책을 가늠해 보려던 엄격한 감사원마저 고개를 절레절레 흔들며 국가의 최종 대차대조표에 서명하기를 꺼릴 수도 있다. 도대체 무슨 이유로 우리에게 이런 회계 감사관의 판단을 따르라는 책임을 강조하는 걸까? 회계 감사원이 금융권 언론인 혹은 소위 경제전문가인 걸까? 건실한 결산을 확인하려면 부채 이면에 존재하는 서유럽의 자산과 적립금을 빼놓지 않고 평가해야 한다. 그리고 이는 사회 기반 시설, 천연자원광, 실험실, 첨단 기술 그리고 서유럽의 산업 역량 등 전부 추정하기 힘들 정도로 규모가 광범위하다. 또는 보이는 이것이 전부가 아닌 건 아닐까? 동유럽 국가의 결산과 관련해 일부러 악의적 평가를 할 수도 있겠지만 이를 통해 깜짝 놀랄 만한 결과가 드러나곤 했다.

결산을 통해 보면 비단 동유럽뿐만 아니라 서유럽도 '파산'했다는 걸 파악할 수 있다. (경영학자와 기타 유사 학문 전문가들의 의견이다!) 이와 관련해 함께 대학에서 공부한 두 친구의 일화가 은연중에 떠올랐다. 이 일화가 그런 차이를 생생하게 설명해 줄 것이다.

청년, 코박스는 부유한 기업가의 아들로 엘리트 고등교육을 받은 후 아버지의 기업에 입사했다. 그는 쉬지 않고 계속 기업을 확장하며 재벌 기업의 대열에 올려놓았다. 그러던 어느 날 기업이 파산하고 말았다. 처음 그 소식을 접했을 때 나는 그 친구가 무척 안쓰럽고 그에게 연민이 느껴졌다. 그러나 그로부터 몇 달 뒤 그 친구가 파산 문제로 여전히 심한 곤궁에 빠져 있으면서도, 파산한 덕분에 프랑스 칸에 자리한 고급 빌라에 살며 롤스로이스를 타고 다닌다는 소문이 내 귀에 흘러 들어왔다.

스자보라는 친구는 겸손한 학교 선생님의 아들이었다. 그의 부모는 유능하고 정직한 사업가로 성장하기를 바라면서 엄격하게 아들을 키웠다. 스자보는 처음에 아버지가 저축해 둔 예금을 기반으로 창업했다. 그리고 유능한 실력과 밤낮 할 것 없이 성실히 일한 덕분에 얼마 지나지 않아 그의 기업은 제법 규모가 커졌다. 그렇지만 이 친구 역시 특정한 이유로 파산선고를 해야 하는 상황에 처하고 말았다. 그의 기업은 지인들에게 돈을 빌려 달라고 사정해야 할 정도로 파산으로 인한 여파가 심각했고, 끝까지 그 늪을 빠져나오지 못했다.

서유럽은 코박스, 동유럽은 스자보의 파산 상황에 가깝다. 파산을 한다고 해도 제각각의 이유가 존재한다. 평소 프랑스인들이 주로 입에 달고 사는 "달라서 좋다(Vive la différence)!"라는 격언처럼.

천만다행이지, 하나 멕시코에는?

근래 들어 한동안 뉴스의 중심이던 고액 채무국들과 관련해 몇 글자 더 적어 보겠다.

1982년 가을, 또 한 번 국책은행의 파산을 시사한 많은 사람이 멕시코의 파산을 자주 입에 올렸다. 이와 관련해 나는 되레 질문하고 싶다. 국가 파산의 정의란 무엇일까? 국가가 진 채무를 외화로 변제하지 못하는 상황이라 말할 수도 있다. 그러나 나라면 그런 상황을 파산이라 아닌 외화 지급불능 상태라 표현할 것이다.

멕시코는 전형적인 경우에서 몹시 벗어나는 특이 사례였다. 멕시코 정부가 진 채무 이면에 막대한 부가 존재하기 때문이다. 지질학자들은 심지어 멕시코의 석유 매장량이 사우디아라비아보다 많다고 강조했다. 멕시코는 달러 공황 상태로 치닫던 3년 전쯤에야 석유 보유 사실을 인정했다. 그리고 석유 매장량이 상당한데도 판매하지 않겠다고 뻔뻔하게 선언했다. 멕시코는 그렇게 2막을 점치고 있었다.

멕시코는 비록 OPEC(석유수출국기구)의 일원은 아니었지만 향후 또 한 번의 유가 인상 대란이 있을 거라 예측했다. 국제 전문가들은 절대 동조하지 못하며 흥분하겠지만, 멕시코는 다른 한편으로 달러 하락을 예견했다.

멕시코의 두 가지 예측은 전부 참패로 돌아갔다. 무엇보다 달러 환율이 급등하며, 달러 부채는 고스란히 남아 있었다. 일반적으로 국가 차원의 채무는 연기가 가능했지만 그럴 여력이 부족한 멕시코는 불가능했다. 변제 연기를 하기 위해서는 추가 달러 대출이나 더 나은 경우 또 다른 수입이 있어야 했다. 따라서 멕시코는 원하든 그렇지 않든 외화 수입 확보를 위해 갈수록 더 많은 석유를 채굴해야만 했다.

물론 이런 멕시코의 행보는 OPEC의 뒤통수를 제대로 친 것이나 진배없었다. 이런 전개는 서유럽에 몹시 유리했고, 더불어 멕시코 석유 수입량을 늘리며 해당 국가의 채무를 상환받을 가능성이 열린 미국에는 더할 나위 없는 상황이었다.

멕시코 파산 소문이 퍼지며 관련 뉴스가 방방곡곡에 보도되자 나는 이에 걸맞은 우스갯소리를 또 한 번 꺼내 들었다. 연애에서 뼈아픈 실연을 겪고 비관론에 빠진 한 청년은 주변 사람들에게 여자란 다 거기서 거기이기에 절대 결혼하지 않겠다고 투덜거렸다. 그 모습을 지켜본 한 낙천가가 옆에서 말했다.

"그렇다면 그녀들에게는 정말 다행이로군!"

달러화 부족으로 곤궁을 겪는 멕시코 덕분에 석유 문제가 서서히 완화되고 있으니, 이 또한 얼마나 다행인가! 오늘날 석유 문제는 그 무엇보다 중요하다.

더욱이 멕시코가 완전히 파산 상태라고 주장하기도 힘들다. 자고로 자산이란 주머니에 있는 현금만으로 측정되지 않는다.

내 지인 중 수천 에이커에 달하는 땅을 소유했지만 평소 주머니에 1,000크로네도 없던 헝가리 고위 귀족도 있었다. (하물며 몬테카를로에서 잃었다면 수중에 10만 프랑도 남지 않았을 것이다!) 반면 탁자에 칩을 수북이 쌓아 놓는 룰렛 도박꾼도 있다. 그 위에 있는 것이 전 재산일 텐데도 때때로 돈을 뿜을 정도로 펑펑 써 대기도 했다.

그들을 보며 내가 내린 결론은 '현금과 자산은 항상 동등하지 않다'이다.

그저 첫 번째 시도에 불과했을 뿐

향후 끔찍한 금리 재앙이 올 거라 선동하는 내용과 관련해 몇 가지 소견을 덧붙이겠다. 사람들은 금리가 오를수록 화폐가치가 하락한다며 핏대를 세웠다. 이는 1) 예금자들이 하락한 화폐가치에 높은 보상을 요구하기 때문이고, 2) 중앙은행이 찍어 내는 화폐량을 크게 줄이고 싶어 하기 때문이다.

물론 지난 몇 년간 있었던 경제 위기가 인위적으로 유지한 고금리의 결과물임은 나 또한 동의하는 바이다. 발생 가능한 위험 중에서 인플레이션에서 비롯된 히스테리가 가장 위험하다. 이에 대항하는 중앙은행의 무기는 고금리 단 하나뿐이다. 끝내 주머니에 돈이 떨어져야 죽을 때까지 술 퍼 마시기를 멈추는 알코올 중독자처럼 말이다. 값비싼 대출을 토대로 미국은 인플레이션 효과를 억누르고, 그것으로 추가 대출을 방지할 수 있었다. 이를 달성한 이후 연방준비제도(Federal Reserve)에는 '금리의 책임 때문에 금리는 하락할 수 있다'라는 신조가 등장했다.

말처럼 쉬운 일은 아니었다. 다 꺼진 줄만 알았던 잿더미 아래 인플레이션의 불씨가 여전히 붉게 타오르고 있었다. 인플레이션의 불씨를 다시 타오르게 하는 데 지대한 관심을 보인 사업가, 조종 세력, 불량 채무자 등 다수의 세력이 있었다.

사람들은 급속한 인플레이션이 곧 닥칠 거란 예측을 계속 반복해 듣고 읽었다. 마치 이제 들려주려는 이야기에 등장할 철도 승객의 한숨처럼 말이다.

어느 날 열차를 타고 가던 승객이 계속 한숨을 내쉬며 말했다.

"아아, 목이 마르군. 아아, 목이 말라."

동행 중 한 명이 다음 정거장에서 맥주 한 병을 가져와 목마름을 토로하던 친구에게 건넸다. 그 승객은 크게 고마워하며 그대로 한 병을 다 비워 버렸다. 하지만 열차가 다시 달리자 그 승객은 또 투덜거리기 시작했다.

"아아, 아까는 목이 말랐는데. 아아, 목이 말랐었지!"

"제발 그만 좀 하게!"

듣다 못한 지인이 짜증을 냈다.

"갈증은 방금 해소하지 않았나!"

"그게 말이야."

투덜거리던 승객이 말했다.

"금방 또 목이 마르지 않겠나!"

미국의 인플레이션을, 서유럽을 비롯한 전 세계를 바라보는 여러 경제전문가와 몇몇 사람의 견해가 딱 그런 식이었다. 미국에서 무려 14퍼센트에서 4퍼센트로 화폐의 가치 하락이 발생했지만, 많은 사람이 금세 '다시 오를 것'이라고만 평가했다.

이런 화폐가치의 추이에 맞서는 정부보다 그렇게 예견하는 세력이 강력하다면 다시 반등할 가능성은 있다. 유럽이 레이건 대통령과의 회합에서 미국은 금리를 낮춰야 한다고 압박하자 레이건 대통령은 꼭 오스트리아 황제 요제프 2세 앞에서 〈피가로의 결혼〉을 연주한 후 모차르트가 황제에게 했던 말처럼 대답했다. 모차르트의 연주를 유심히 들은 황제가 말했다.

"모차르트 공, 자네가 들려준 멜로디는 지극히 아름답네만 음표가 다소 과한 거 아닌가?"

그러자 모차르트가 공손히 대답했다.

"꼭 필요한 음표보다 절대 하나도 더 많지 않습니다, 폐하."

이에 관한 내 논평도 그렇다. 미국 연방준비제도 또한 절대적으로 필요한 금리에서 1퍼센트도 높지 않다.

인플레이션과 맞서는 데 성공하면 그다음은 경제 부흥이라는 사실에는 논란의 여지가 없다. 여기에 독일의 시인, 빌헬름 부쉬(Wilhelm Busch)의 시구를 인용하고 싶다.

“그저 첫 번째 시도에 불과했을 뿐, 곧바로 두 번째 시도가 이어지리라.”

코스톨라니의 주식 지침서

▶▷

주식 거래는 어떤 게임과 가장 비슷할까?

스캣, 브리지 혹은 포커와 같은 카드 게임이다. 주식투자자는 카드 게임 플레이어와 마찬가지로 끊임없이 변화하는 상황에 맞춰 자신의 조합과 결정을 조율해야 한다. 플레이어에게 카드를 분배할 때처럼 특정 이벤트는 주식투자자에게 유리하거나 불리할 수 있다. 좋은 투자자는 능숙한 카드 플레이어처럼 곤경에서 벗어난다. 좋은 카드가 주어지면 많이 벌고, 나쁜 경우에도 손해를 최소화한다. 그런 면에서 주식 거래와 가장 닮지 않은 게임은 체스라 할 수 있다. 체스는 순수한 조합 위주의 게임이기 때문이다. 룰렛 역시 오직 행운에 의한 우연을 시험하는 게임이기에 주식 거래와 결이 아예 다르다.

주식 거래는 운과 경험이 혼합된 산물이라 할 수 있다. 그런 행운이 플레이어에게 전달될 카드를 결정한다. 즉 이벤트가 발생하는 방식이 주식시장의 방향을 결정한다. 체스는 이런 행운과는 전혀 관련이 없다.

▶▷

주식투자자와 가장 가까운 직업은 무엇일까?

의사다. 주식투자자처럼 의사도 우선 진단부터 내린다. 그다음에 다른 추가 고려 사항이 시작된다. 의사와 투자자는 최종 결정을 내리기 전에 모든 상황을 한 번 더 검토한다. 그 후 잘못된 방향이라고 판단하는 순간 곧바로 결정을 번복해야 한다. 이는 순수한 수학적 사고방식을 따르는 엔지니어 또는 기업인의 방식과 정반대라고 할 수 있다. 이들의 경우 아무리 숙련된 사람이라도 직관을 따르는 것을 꺼릴 것이다.
많은 의사가 의학을 학문이 아니라 의술이라고 부르는 것도 그런 맥락이다. 학문이 아니라 예술이다.

▶▷

주식의 매수 혹은 매도 결정을 내려야 할 때는 다음과 같은 원칙을 유념해야 한다. 전반적인 주식 동향은 모든 주가에 결정적이다. 최고의 주식이라도 전체 주식시장이 급락할 때 상승하는 경우는 드물다. (혹은 매우 힘겹게 상승한다.) 반면 하락장에서는 평소 수익률이 좋지 않은, 변변치 않은 주식이 우량주보다 더 크게 상승하며 쾌감을 선사하기도 한다.

▶▷

주식투자자는 보유한 주식의 매입 금액이 아니라 그날의 시가로 주식을 평가해야 한다. 추가 매수 혹은 보류 결정을 해야 한다면 기존의 구입가는 잊어야 한다.

▶▷

성공한 투자자는 무엇보다 겸손해야 한다. 아둔한 이들조차 주식장에서 수익률을 올리는 경우도 있기에 절대로 함부로 자랑하지 말아야 한다. 주식시장의 가능성은 주식이 오르거나 내리는 것 이 두 가지뿐이다. 즉 둘 중 제대로 선택했다고 무엇이라도 된 것처럼 자만하지 말자. 그저 그날의 운이 좋았던 것일 수도 있다. 주식투자자는 미래에 관한 확신이 어느 정도 있어야 한다. 낙관적인 전망이 떠오르면 희망도 생기기 마련이지만 좌초할 가능성도 온전히 배제할 수 없기에 회의적 시선도 다소 필요하다.

▶▷

아무리 최고의 우량주를 보유했더라도 잘못된 시기에 매수 혹은 매도하면 돈을 잃을 수 있다. 반대로 거짓 주식일지라도 적절한 시기에 매수와 매도를 한다면 수익 실현이 가능하다.

▶▷

단기 주식시장 동향을 좌우하는 두 가지 핵심 요소는 시장 심리와 기술적 구성이다. 즉 증권이 자본과 멘탈—당신이 강한 멘탈을 지닌 투자자인지, 두 손을 벌벌 떠는 투자자인지—에 따라 결정된다는 뜻이다. 단기적인 측면에서 보면 일부 투자자들이 특정 기간 이후 결론을 도출하는 것 외에는 경제 상황, 다시 말해 펀더멘털은 금리와 특정 분야의 호경기에 아무런 영향을 미치지 않는다. 역으로 매수자보다 매도자가 물질적 · 심리적 압박을 받을 때 가격 곡선은 상승한다. 심리와 기술적 조건은 매수자와 매도자에게 즉각적이고 거의 무한한 영향력을 행사한다. 주식시장 시세에 영향을 미치는 것은 특정 사건이 아니라 그 사건에 대한 대중의 반응이다.
각기 다른 이벤트와 뉴스에 대중이 어떻게 반응할지는 예측하기 어렵다. 주식이 두 손을 벌벌 떠는 심약한 사람의 손에 있다면 이는 분명 부정적인 요소가 아닐 수 없다. 반면 강한 멘탈의 소유자 혹은 (그리고 완전히 지불된) 금고에 있다면 긍정적인 요소다.

▶▷

중기 주식시장 동향의 결정적인 요소는 금리다. 이자, 즉 자본시장의 유동성은 수요 또는 공급이 강세를 보일지를 결정한다. 금리는 채권시장에서 직접적인 영향력을 행사한다. 채권 수익률이 감소하면 더 많은 유동성 자금이 주식시장에 유입된다. 그러나 금리가 주식시장에 미치는 영향은 일정 시간이 지난 후에야 가시화된다. 따라서 중기적인 관점으로 봐야 한다.

▶▷

장기적 동향 측면에서 심리란 거의 무의미하다. 모레 생길 걱정, 희망 그리고 평가를 오늘 당장 예견할 사람이 누가 있겠는가? 전반적인 경기와 특정 부문의 경기는 기업의 품질과 미래 수익을 결정한다. 특정 산업 분야의 개발 가능성을 수년 전에 예측 가능하다면 그것으로 큰 이익을 얻을 수 있다.

▶▷

주식을 매수할지, 하지 말아야 할지는 (과거의) 매수가와 완전히 별개로 생각해야 할 뿐만 아니라 (향후 있을 미래의) 개발 가능성에 달려 있다. 즉 주식을 예측하고 그런 예측을 예견하는 일이라 예측의 제곱이라 할 수 있다. 그러므로 절대적인 객관적 판단을 내려야 한다. 객관적인 판단을 거쳤다면 때로는 손실을 보더라도 매수해야 한다. 다만 그날의 결산에서 손실을 보고 싶어 하지 않는 것이 보편적이라 대부분의 투자자는 손실을 감수하면서까지 매수하지 않는다.

▶▷

주식이 하락하거나 상승했는지 그 여부만으로는 미래를 예측할 수 없다. 매수 결정을 내릴 때는 그 밖의 다른 근거가 있어야 한다.

▶▷

거의 파산을 눈앞에 둔 기업의 주식을 사들이는 것도 종종 흥미로울 때가 있다. 몹시 바닥으로 곤두박질친 주가만 봐도 그 기업에 닥친 최악의 상황이 반영되어 있다. 만약 기업의 파산이 실현되지 않는다면 주가는 급속도로 반등하기 마련이다. '거의 파산'에 이른 기업과 '회생한' 기업의 차이는 '거의 파산한' 기업과 결국 '파산한' 기업의 차이보다 크다. 이는 부실 채권에도 동일하게 적용된다.

▶▷

일반적으로 채무자가 기업, 국가 혹은 지방자치단체라면 재정적 균형을 되찾을 때, 다시 말해 회생한 후 이자 혹은 원금 지급을 개시할 경우 부실 채권도 큰 기회가 될 수 있다. 그렇지만 사례별로 객관적인 특별 조사와 검토가 필요하다. 제2차 세계대전 이후 부실 채권으로 막대한 수익을 올린 사례만 해도 수십 건에 달한다. 미래에도 그런 상황이 다시 발생할 수 있다.

▶▷

신용으로 주식을 매수하는 건 몹시 민감한 문제다. 자신이 지려는 부채보다 더 큰 자산을 소유한 경우에만 신용으로 주식을 매수해야 한다. 나는 노름꾼이 아니라면 절대 어떤 상황에서도 신용으로 주식을 매수하는 걸 반대하는 입장이다.

▶▷

시세가 바닥을 친 후 적은 거래량으로 상승하는 시장은 몹시 유익하다. 이 경우 약세장에 매수한 주식이 확고한 투자자의 손에 남아 있기 때문이다. 이런 매수자들은 보통 시세가 오르는 상승장에만 매수하는 사람들보다 자금력이 강하다. 반대로 시세가 오르고 거래 물량이 많다면 대량의 주식이 자본력이 강한 손에서 자본력이 약한 손으로 넘어간다. 이는 시장에 그리 이롭지 않다.

▶▷

거래 물량이 몰리며 시세가 하락한다면 이는 증권시장에 유익하다. 약자의 손에서 다시 강자의 손으로 건너가기 때문이다. 상승장에서 매수하는 사람들은 분위기의 압박에 따라 움직인다. 약세장에서 주식을 매수하는 투자자는 강한 손으로 충분한 고민 후에 행동으로 옮긴다. 하락하는 시세의 거래 물량이 많을수록 시장에는 이롭다. 결국 자본력이 약한 투자자의 손에서 주식이 사라지거나 남는다고 해도 그 수가 얼마 되지 않기 때문이다.

▶▷

호재에도 곧바로 시세가 오르지 않는다면 이는 주식시장에 그만한 이유가 있는 것이기에 매우 좋지 못한 징조다. 시장의 기술적 상태가 약세인 거라 짐작할 수 있다. 다시 말해 주식이 약자들의 손에 있다는 의미다.

▶▷

장기투자 수단으로 유가증권을 매수한다면 오늘, 내일 혹은 모레 조금 더 가격이 하락하거나 상승하는 것은 별 의미가 없다. 주식 중개인으로 보낸 수십 년의 경험이 입증하듯 장기 차트(가격 곡선)는 흥미진진하고 충분히 고려할 만하다.

▶▷

특정 종목의 경우 개별 주식 차트에 의미를 부여해야 한다. 예컨대 특정 차트가 전반적인 주식시장 동향을 거스른다면 해당 기업의 대주주에게 알려야 한다. 해당 기업의 상태가 악화되었다는 사실을 확인한 대주주는 보유 주식을 매도하고 싶어 할 것이다. 이렇듯 개별 주식 차트는 때로는 달리 알아낼 방법이 없는 뒷배경을 누설하기도 한다. 그러나 다양한 지수를 보여 주는 차트는 유의미한 정보를 제공하지 않는다.

▶▷

옵션에 관한 한 매수나 매도가 흥미롭다고 할 수 있는 건 그 옵션을 발행한 기관과 기간에 달려 있다. 자본가에 옵션 판매(옵션 발행)를 하는 것은 일종의 수익률 사업이다. 오랫동안 꾸준히 옵션을 매도하면 자기자본금에서 높은 수익을 실현할 가능성이 있다. 옵션 매수자는 적절한 시점에 시장 동향을 제대로 포착한다면 수익을 얻을 수 있다. 절대 쉬운 일은 아니지만 성공하면 여러 배의 큰 수익이 생긴다.

▶▷

옵션에서는 기간이 가장 중요하다. 옵션 매수자의 입장에서 최적인 옵션은 기간이 긴 경우이고, 옵션 매도자(옵션 발행자)의 입장에서는 짧을 때가 유리하다. 만기일의 기간에 따라 시세 변동 가능성이 커진다. 옵션 매수자에게 유리한 기간은 옵션 매도자에게 불리하다.

▶▷

옵션 게임은 경마와 비교할 수 있다. 옵션 매수자와 옵션 매도자(옵션 발행자)의 차이는 경마에 베팅한 두 게임꾼의 차이와 비슷하다. 옵션 매도자는 경기장에서 가장 유력한 우승 후보에 베팅하는 반면, 옵션 매수자는 승리에서 가장 동떨어진 말에 베팅한다. 가장 큰 가능성 혹은 단일 숫자에 베팅하는 이런 차이는 룰렛 게임에도 존재한다. 이 모든 것이 전부 동일한 기본 원칙으로 귀결된다. 돈을 딸 확률이 높으면 그만큼 액수는 작아지고, 돈을 딸 확률이 낮을수록 액수는 많아진다.

▶▷

실제 선물 시장이 없는 옵션거래의 경우 콜 옵션에 공매도할 수 없기에 그리 재미가 없다.

▶▷

주식시장은 경기 침체인 상황에서도 상승할 수 있다. 정부의 입장에서는 상황이 어떻든 경기 활성화를 촉구해야 하기 때문이다. 그리고 그 우선순위에서 혜택을 보는 것이 바로 주식시장이다. 정부가 세금을 인상하면 금융시장을 좀 더 자유롭게 관리할 수 있다. 저금리는 더 많은 유동성을 확보하기에 주식시장에 유익하다.

▶▷

주말에는 시장에 관련된 문제를 천천히 고민해 볼 시간과 여유가 충분하기에 월요일부터 해야 할 계획을 찬찬히 세울 수가 있다. 따라서 한 주가 시작되는 초반에 주식 주문을 하는 것을 선호한다.

▶▷

투자자에게 가장 필요한 특성 두 가지는 직감과 유연한 사고이다. 직감이란 상상력이 혼합된 무의식적 논리를 말한다. 그렇지만 상상력에만 의존하는 것은 몹시 위험하다. 투자자는 자신이 틀렸을 때 곧바로 인정할 수 있어야 하기에 유연성도 빼놓을 수 없는 몹시 중요한 덕목이다. 독일의 철혈 재상으로 불린 비스마르크(Bismarck)는 "항상 같은 건초를 먹는 소만이 일관적이다" 하고 주장했다.

▶▷

탄력성이 투자자가 지녀야 할 최고의 특성이라면 고집과 우유부단함은 가장 최악인 특성이다. 이런 성향으로 막대한 손실을 입은 투자자가 참으로 많다.

▶▷

미래의 주식투자자에게 유용한 학문은 철학과 수학이다. 투자란 일종의 철학이다. 올바른 결론을 내리기 위해 항상 찬반을 저울질해야 한다. 수학적 두뇌는 주식투자에 있어 몹시 유익하다. 주식시장이 곧 수학이기 때문이 아니라 수학 공부가 논리적 사고를 키우는 훌륭한 훈련이기 때문이다. 반면 경영학과 공학은 주식투자 논리에 가장 큰 걸림돌이 된다. 주식시장에는 거기에 맞는 고유한 논리가 별도로 있기 때문이다. 그러므로 경영학과 공학은 미래의 주식투자자에게 짐만 되는 학문이다.

▶▷

특정 대기업의 주식이 강력히 추천된다면 특히 유의하라. 금융기관에서 그 주식을 처분하려는 가능성도 배제할 수 없기 때문이다. 해당 주식이 수중에 있다면 재빨리 매도해야 한다.

▶▷

금융 매니저의 거래에 큰 의미를 부여하지 말아야 한다. 단기적 관점에서 보면 그들의 대규모 물량 공세가 주식 시세에 영향을 미칠 수 있지만 장기적인 관점에서는 무의미하다. 게다가 금융 매니저들의 의견도 서로 대립한다. 따라서 특정 이벤트가 발생했을 때 그들의 반응은 개인 투자자와 마찬가지로 누군가는 매도하고 또 누군가는 매수를 선택하면서 그들의 활동 범위를 넓혀 나간다. 장기적 관점에서 보면 그 어떤 금융 매니저도, 그 누구의 의견도 절대적이지 않다. 세계정세, 사회 발전, 기술, 과학 등 미처 헤아리기 힘든 변수들이 수도 없이 많다.

▶▷

내부자가 추천하는 자사주는 고려하지 않는 것이 좋다. 그들이 속한 기업에 대해 속속들이 잘 아는 건 사실이지만 자본시장의 발전 양상은 그런 정보와 연관성이 떨어진다. 또한 그들의 판단이 항상 옳은 것만은 아니다. 나의 경험상 내부자의 권장과 거의 반대인 결정을 내려야 할 때가 많았다.

▶▷

경제전문가들은 주식시장의 동향 분석에 있어 무능력하다. 주식시장과 경제학은 평행선을 달리지 못할 뿐 아니라 오히려 정반대다.

경제 호황이 주식시장에 불리할 때가 많고, 그 반대의 경우도 마찬가지다. 경제에 많은 자본이 흐르면 주식시장에 투여될 자본은 부족해진다.

▶▷

전문가라도 이론을 전공하지 않은 고수의 의견에 더 큰 비중을 두는 편이다. 지금까지 쌓은 값진 경험을 바탕으로 움직이는 그들은 특정 이벤트가 발생하면 그 원인은 알지 못할지언정 직관적으로 적절한 대응을 취한다.

▶▷

비록 성공하지 못했어도 경험이 많은 주식투자자의 견해를 중하게 여긴다. 흔히 말하는 성공이란 전문가의 지성과 전문 지식 수준을 측정하는 척도가 아니다. 경험이 많은 투자자는 주식시장의 특정 주식에 관한 동향과 가능성을 제대로 평가할 수 있다. 그렇지만 그것으로 수익을 얻지 못한 이유는 우유부단하고, 겁이 많고, 긴장되거나 참을성이 부족했던 그 사람이 자신이 판단한 견해를 신뢰하지 못했거나 인내심이 부족해서 혹은 신용 대출로 큰 금액을 투자하고 있었기 때문이다.

▶▷

국제적 정세 또한 증권시장에 미치는 영향력이 매우 크다. 세계정세(긴장 혹은 완화)는 대중의 심리에 영향력을 행사하며 국제 발전은 산업 전체, 경제 수지, 무역협정 등에 영향력을 행사한다.

▶▷

현명한 투자자라면 주식시장 혹은 주식 중개인의 사무실을 아주 가끔만 찾는다. 시시때때로 변동하는 시세를 매 순간 뒤쫓는 것은 투자자의 객관적인 사고를 방해하기도 하고, 이롭지 못한 결과를 가져올 수 있다. 대략적인 주가 변동만 주시하는 것만으로도 충분하다.

▶▷

컴퓨터에 정보가 미리 입력되어 있지 않다면, 컴퓨터를 활용한 예측은 애초에 불가능하다. 따라서 예측의 품격 또한 컴퓨터를 제어하는 인간의 뇌에 달렸다. 컴퓨터 자체에 지능과 상상력은 없다. "쓰레기를 넣고, 쓰레기를 배출하고!"라는 미국인들의 말처럼 말이다.

▶▷

경험은 주식투자 시 상황에 따라 즉흥적인 결론이 최고란 걸 가르쳐준다.

▶▷

보유한 증권 계약이 뭔가 잘못된 배를 타고 있다는 기분이 드는가? 그렇다면 주저하지 말고 뛰어내려라. 먼저 그것이 잘못된 배라고 확신해야 한다. 그리고 그런 확신에는 냉철한 추론과 직관이 섞여 있어야 한다. 또한 주식 중개인의 추천에 흔들리지 마라. 특정 주식 계약 건으로 잠 못 드는 밤을 지새웠다면 망설이지 말고 즉시 처분하라!

▶▷

주식투자자에게 유용한 취미는 단연코 음악이다. 긴장 완화에 탁월한 효과가 있기도 하지만 음악을 감상하는 동안에도 무의식적으로 뇌는 계속 운동한다.
음악에 관심이 없다면 낚시나 독서를 권장한다. 반면 카드 게임은 깊은 사고를 방해하고 주의가 쉽게 산만해지므로 주식투자자에게 그리 유익한 활동이 아니다.

▶▷

주식투자자라면 이 한 가지만큼은 머리에 꼭 새겨야 한다. 잃어버린 돈은 잃어버린 것이다. 새로운 사업만이 새로운 수익을 창출할 수 있다. 그리고 그 또한 이미 지난 과거와는 아무 연관도 없다.

▶▷

투자자는 아내나 연인의 의견을 귀담아들어야 한다. 여성이 타고난 직감과 본능은 유독 강하다. 이런 여성의 강점은 논리적으로 치우친 남성의 사고를 보완해 준다.

▶▷

항상 수익을 올리는 주식투자자란 절대 없다. 세상에서 가장 운이 좋은 사람조차 항상 최고가에 매도하고 최저가에 매수하지 못한다. 혹시 자기가 그렇다고 말하는 사람이 있는가? 그렇다면 그는 거짓말쟁이다.

▶▷

주식투자자에게는 변하지 않는 확신도, 무작정 끝없는 두려움도 권장하지 않는다. 적당한 확신과 약간의 우려가 적절하다. 물론 나 또한 매번 그렇게 하지는 못했다. 그렇지만 위기가 닥친 순간 경악하는 것보다 차라리 미리 두려워하는 것이 낫다.

▶▷

주식투자자가 미신을 믿어도 될지 묻는 질문에는 선뜻 대답하기가 어렵다. 주식투자자가 미신을 믿는다고 해도 달라질 것은 전혀 없다. 때때로 미신은 본능과 연관되어 있다. 그리고 그것은 꼭 나쁘다고만 할 수 없다.

▶▷

주식투자란 오직 개인의 경험을 바탕으로 깨달음을 얻는다. 따라서 많이 참여해야 하고, 때로는 주식시장의 모든 측면을 제대로 이해하기 위해 당해 보기도 해야 한다.

▶▷

주식투자자에게는 정보가 필요하다. 그날의 주식 변동을 쫓는 것만으로는 제대로 고민하고 판단할 수 없다. 냉철한 투자자라면 오히려 긴장감만 부추길 뿐이다.

▶▷

투자와 투기의 차이는 상대적이다. 부유한 투자자가 소위 투기성이 높은 주식에 소액을 투자한다면 예상 리스크 범위 내에 있는 모험적인 투자로 간주된다. 반면 소액의 일반 예금주가 많은 빚을 내어 안전한 주식을 매수할 때는 사활을 건 투기로 평가한다.

투기와 투자의 차이는 사고방식에 달렸다. 주식투자자는 각자의 판단에 따라 매수나 매도를 결정한다. 투자자는 이런저런 근거로 보유한 주식이 상승하거나 하락할 거라 예측한다. 반면 투기꾼은 수익을 올리려는 목적 하나로 주식을 매도한다. 향후 오를 가능성이 높은 주식이라도 투기꾼은 팔아 버리는 데 전혀 고민하지 않는다. 오직 그 순간의 수익과 손실만 생각하는 투기꾼은 몹시 감정적으로 움직인다.

▶▷

장기적 관점에서 부정적인 평가와 큰 위험이 예견되는 주식을 단기적인 목적만으로 매수하는 일이 절대 있어서는 안 된다. 흡사 50킬로미터 주행 후 심각한 대형 사고를 일으킬 게 확실한 자동차에 단순히 10킬로미터 거리에 불과하더라도 앉아 있을 필요가 없다.

▶▷

주식투자자의 윤리적 양심에 어긋나는 일은 어쩔 수가 없다. 그런 잣대가 있다고 해서 꼭 불행인 것만은 아니다. 최악의 경우 양심 때문에 주식투자 수익을 망쳐 버릴 수는 있겠지만, 적어도 양심의 가책을 받는 일은 없을 테니 말이다.

▶▷

투자자는 최대한 본인의 정치적 성향이 투자에 영향을 미치지 않도록 해야 한다. 경험에 비춰 보면 정치적 이유로 고집을 부리고 꿈쩍도 하지 않은 탓에 엄청난 성공을 눈앞에서 망쳐 버린 투자자가 한둘이 아니다. 예컨대 스위스인은 제2차 세계대전 이후 그들의 정치적 입장 때문에 그 어떤 상황에서도 독일 채권을 매수하지 않았다. 25년 전 지금 시세의 극히 일부분에 불과했던 독일 채권을 정치적 이유로 거부했던 스위스인들이 오늘날 시장에 풀리는 족족 대량으로 매수하는 데 혈안이 된 것만 봐도 그것이 얼마나 어리석은 선택이었는지를 입증한다.

▶▷

주식 중개인이라고 해서 항상 논리적이고 냉정해야만 하는 건 아니다. 때로는 어리석은 파도에 휩쓸리기도 해야 한다. 주식시장의 논리는 때때로 비논리적이어야 한다. 어쩌면 이런 점이 바로 주식시장 분석의 위대한 기술일 것이다.

▶▷

주식 중개인은 술을 마신 상태에서도 판단력이 있어야 한다. 때때로 술은 상상력을 자극하고 불필요한 심리적 압박을 제거해 주기도 한다. 그렇다 보니 오히려 이런 상황이 유용할 때가 종종 있다.

▶▷

주식투자자에게 가장 위험한 일은 정확한 정보를 잘못 해석하는 것이다. 그런 결과는 대부분 잘못된 사고방식 때문이다. 반면 때로는 잘못된 정보를 잘못 해석한 경우 생각과 달리 굉장한 결과로 이어지기도 한다. 마이너스와 마이너스가 만나면 플러스가 되는 것처럼 말이다.

배당금, 수익, 대차대조표 수치 등 모든 정보를 정확히 파악하는 일은 주식투자자에게 특별히 중요하지 않으며 상황에 따라 오히려 해가 되기도 한다. 세부 사항을 과도할 정도로 파악하고 있으면, 나무에 정신이 팔려 숲 전체를 보지 못하는 경우가 생기기도 한다. 필요한 내용은 최소한으로 파악하되 전체를 제대로 이해해야 한다.

▶▷

지나간 이벤트를 정확히 분석하는 것은 몹시 중요하다. 앞으로 생길 이벤트를 예측하지 못하는 만큼 적어도 과거에 있었던 일은 제대로 파악하고 있어야 한다. 그로써 경험이 풍부해지고, 미래에 대한 고민이 한결 가벼워진다.

▶▷

주식투자자는 매일 결산하는 걸 삼가야 한다. 주식시장에서 운용되고 있는 동안 올린 수익은 어차피 빌린 돈에 불과하다. 주식시장은 지독한 고리대금업자나 다름없다. 때로는 이렇게 빌린 돈에 높은 이자를 얹어 갚아야 한다. 그런 만큼 투자자는 절대 날마다 결산하지 말아야 한다. 이런 특권을 누릴 자격이 있는 것은 상속받은 자산뿐이다.

▶▷

변동이 심한 시기에 모두가 이구동성으로 주식시장이 붕괴된 후 일어날 징후에 대해 떠든다면, 장기 투자 목적으로 해당 주식 카테고리에서 그들이 주장하거나 근래 들어 폭락한 주식을 매수하자. 특정 주식의 안정된 가치를 소리 높여 외친다면 우리가 아직 알지 못하는 배경이 있을 가능성이 있다. 갑자기 주식 가치가 폭락했다면 그 기업은 파산 직전일 수도 있다. 이런 주식도 정확한 분석을 바탕으로 사들일 수 있다.

▶▷

진정한 주식투자자는 그 어떤 상황이든 자신의 판단이 옳았을 때 가장 기뻐한다. 이런 기쁨은 제대로 공들여 쌓아 올린 지적 운동을 위한 보상이다.

▶▷

주식시장의 움직임은 언제나 논리적이다. 다만 그 메커니즘을 제대로 파악해야 한다.

▶▷

몰케 장군은 전쟁에서 4G, 즉 돈(Geld), 인내심(Geduld), 생각(Gedanken), 행운(Glück)이 가장 중요하다고 말했다. 주식시장에서도 전부 중요하지만, 가장 먼저 행운이 따라야 한다.

Chapter 12

산타마리아에서 소련까지

André Kostolany

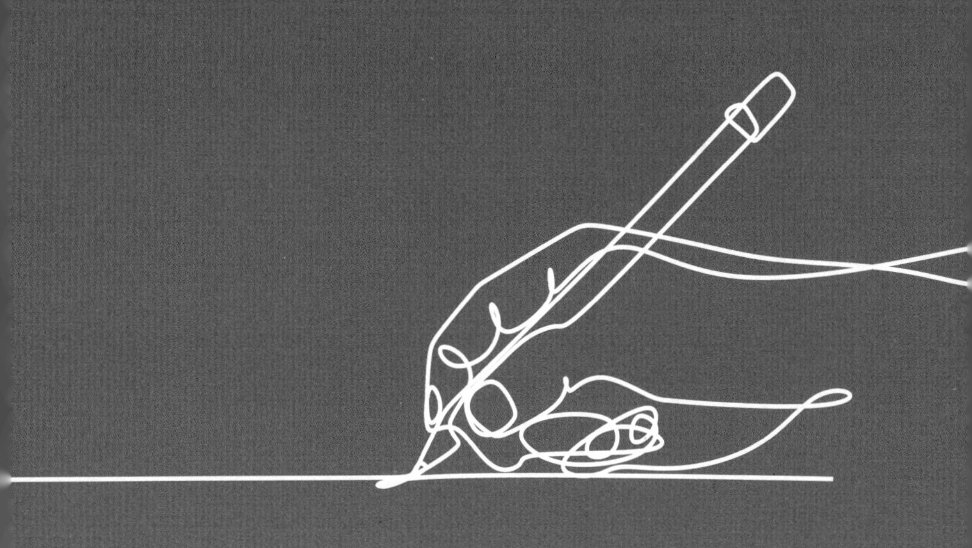

황금 투기꾼, 소련

오늘날까지 이어진 금융 투기 역사를 살펴보면 특정 표적물의 가격 인상 혹은 하락으로 몰아가는 거대 세력과 막강한 신디케이트가 여럿 존재했다. 이를테면 제1차 세계대전 직전 프랑스 파리의 설탕 가격을 조작하던 칠레 산타마리아의 설탕 투기 사건, 1920년대 시카고에서 밀 시세를 조종하던 아머가(家) 사건, 실버 코너를 운영하며 여러 소액 게임꾼과 대형 은행에 막대한 손실 떠안긴 헌트 형제 사건 등이 있다. 그렇지만 이들 전부 당대 투기꾼의 정점이라 할 수 있던 소련과 비교하면 그저 작은 피라미에 불과했다.

황금 투기꾼과 그 배후의 조종 세력은 악재가 보도되기만을 노심초사하며 기다렸다. 악재로 인한 공포가 사람들을 고조시키고 부추겨 결국 그들 스스로 상승장에 주식을 파는 모습을 보고 싶었던 것이다. 마치 개발한 신약 혈청을 내놓을 기회를 살피며 질병이 확산되기를 바라는 제약회사 생산자의 심리와 유사했다. 그때부터 이곳은 자유 시장경제가 아닌 정글이었다. 그리고 이 정글에서 소련은 매우 대담하고 뻔뻔했다.

투기꾼의 꿈은 종종 예상과 다른 식의 결말을 맺곤 했다. 금 투기꾼들은 수개월 동안 숨죽인 채 폴란드를 주시하며 곧 무슨 일이 크게 터질 거라 기대했다. 이윽고 폴란드에 경제 위기가 닥쳤다. 하지만 예상과 달리 금 시세는 오르기는커녕 곤두박질치기 시작했다. 어떻게 이런 일이 벌어졌을까? 아마 논리에 벗어난다고 생각한 사람이 많을 것이다. 물론 일반 소비자의 논리로 보면 그렇게 비쳤을지도 모르지만, 주식시장의 논리에는 어긋나지 않았다. 폴란드의 금융 위기를 바라보는 서유럽의 태도는 명확했다. 수십억 달러에 이르는 채무가 행여 묶여 버릴까 우려하는, 지극히 정당한 근심이었다.

그 여파로 동구권 전체의 신용 능력에 먹구름이 드리워졌다. 소액 대출, 연기 축소, 이자율 상승 등이 불가피했다. 소련은 결국 폴란드를 위해 최저 이자 비용을 지불하고, 파산으로 인한 연쇄반응을 피하기 위해 보유한 금을 매각해야만 했다. 더군다나 그 당시에는 귀금속의 시세가 낮게 형성되어 있었던 터라 소련은 불과 3년 전에 비해 두 배가 넘는 물량을 처분해야 했다.

미국의 황금 룰렛

소련이 관여하는 곳에 미국 역시 손 놓고 가만있을 수는 없었을 것이다. 접근 방식은 아예 달랐지만 미국도 그곳에 매번 있었다.

최근에 '미국 증권 및 상품거래소에서 제공한 크루즈 여행'을 하며 많은 것을 보고 들었지만 딱히 큰 혜안을 얻지는 못했다. 오히려 소위 증권 전문가라는 사람 대다수가 머리카락이 곤두설 정도로 옹색하다는 것을 또 한 번 깨달았을 뿐이다. 전문가라는 사람들은 전부 거대한 장치의 작은 톱니바퀴에 불과했다. 게다가 그 작은 톱니바퀴가 무슨 기능을 담당하는지 파악조차 못한 경우도 더러 있었다. 반면 정말 똑똑하다 할 수 있는 배후 조종자와 명석한 두뇌들은 빌딩의 최고상층부에서 본인을 위해 일하거나 워싱턴 DC에서 정부를 위해 일했기에 일반인들과 닿을 수 없었다.

뉴욕 상품거래소의 흑인 사환

내가 뉴욕 상품거래소에서 들은 똑똑한 말이라고는 그곳에 있던 한 흑인 사환의 의견뿐이었다. 그는 혼돈이 내려앉은 거대한 홀에 모인 군중 가운데서 금 코너를 손가락으로 가리키며 내게 말했다.

"홀 전체가 이곳에서 벌어지는 상황을 예의주시하고 있어요. 금값이 일정 부분 하락하면 다른 시장의 시세도 동반 위축됩니다. 반대로 금값이 오르면 투기꾼들이 구리, 설탕, 연료유 등에 돌진하죠."

사환의 말을 들으며 난 정말 논리적인 사람이라고 생각했다. 지난 수년간 내가 예측하던 내용과 같은 말을 하다니. 금 시세를 부추기는 건 인플레이션이 아니라 골드러시(gold rush)다.

엄청난 황금 대란

수백 명에 이르는 전문 투기꾼과 중개인이 자기 부담 혹은 수십만 명에 이르는 홍콩, 중동 및 미국 전역의 고객들을 위해 이 황금 대란에 가담했다. 전 세계 시장에서 하루에 30억에서 50억 달러 시가의 금이 거래되었다. 이는 연간 생산량의 절반에 해당하는 물량이었다. 금을 놓고 베팅하는 이 게임은 그 어떤 포커판보다 예측하기 힘들다. 오히려 초록 테이블 위의 레드 혹은 블랙 칸에 논증이나 동기와는 상관없이 오직 운으로만 베팅하는 도박인 룰렛 게임에 가까웠다. 이 황금 게임판에는 노련한 게임꾼도, 컴퓨터도 존재하지 않는다. 시장의 기술적 조건, 다시 말해 초조해진 투자자가 게임꾼처럼 베팅금을 매수 혹은 매도 계약서에 거느냐 또는 냉철한 경제전문가가 되어 이 전체를 찬찬히 통찰하느냐가 전부인 상황이었다.

시세는 조작마저 불가능했다. 설명 가능하다고 해도 기껏해야 최고 몇 분에 불과했다. 런던 로스차일드 은행(Rothschild Bank)의 사무실에 그날의 금 시세가 개시되고 전 세계에 발표되던 시절은 끝나 버렸다. 오늘날 투자자는 매입이나 매도 과정에서 직접 나서며 조종을 시도한다. 현재의 급격한 시세 변동을 설명할 유일한 근거이기도 하다. 1970년대 말, 미국에 금 거래소가 개장된 이후 수천 명의 중개인이 금광에 투자하라며 대중을 유혹했다. 중개인들은 의사, 건축가, 과부 등 다양한 직군의 사람들에게 향후 금이 계속 오를 수밖에 없으며 대란이 반드시 올 거라 강조하며 투자를 부추겼다. 금을 모으는 이가 늘어나면서 생길 끝없는 인플레이션, 세계의 종말, 금 부족으로 빚어질 공황 상태는 중개인에 몹시 이상적인 중개수수료 기계나 마찬가지였다. 이런 작전 세력의 공포 분위기 조성과 특정 금융기관 및 소련의 도움으로 금 시세는 무려 850달러까지 치솟았다.

히스테릭한 약세장 참여

그 후 벌어진 상황은 세상에 관련 통계가 공표되지 않았어도 이제는 간단히 요약할 수 있다. 당연히 수십억 달러의 손실을 일으킨 이 금 거래는 어느 순간 중개인들에게서 씨가 말라 버렸다. 중개인들은 어떻게든 디플레이션, 고금리, 금을 팔아야만 하는 소련의 정세 등 금의 공매도를 추진하는 데 필요한 조언을 구해야만 했다. 솔직히 금을 사든 팔든 중개수수료가 동일했기 때문이다.

다시 말하자면 그건 이런 양상이다. 중개인이 자신의 고객에게 금을 긴급히 매입하라고 조언한다. 하지만 고객이 "그래요? 난 지금 금을 팔아야 한다고 생각했는데 말이죠"라고 대답하자마자 중개인은 태도를 바꾼다.

"아아, 그럼 파시겠어요? 그것도 나쁘지만은 않습니다."

그렇게 고객은 또 한 번 약세장에 휘말리게 된다.

금리 인하 소식에 약세장을 예측했던 투기꾼들은 히스테리한 반응을 보이며 무턱대고 사재기를 시작했다. 그럴수록 시세는 고공으로 치솟으며 결국 막대한 손실로 이어졌다. 그 과정에서 어느덧 투기꾼의 방어선이 사라지더니 강제 집행, 연쇄반응으로 이어졌다.

현명한 랍비의 조언

금이 500달러까지 치솟은 이후 잇따라 무의미한 뉴스가 흘러나왔다. 멕시코와 브라질의 파산, 은행 붕괴 그리고 그 밖에 금과 전혀 무관한 '재앙 소식'이 무더기로 쏟아졌다. 옛말에 '뉴스가 시세를 만드는 것이 아니라 시세가 뉴스를 만든다'는 말이 있다. 그리고 히스테릭한 반응을 보일 정도로 물량에 집착했던 금 투기꾼의 대다수가 결국 제 몸에 걸칠 바지까지 다 잃고 말았다. 앞으로도 이런 상황이 계속 등장할 것인가? 물론이다! 상황에 따라 곡선은 위아래로 오르내리겠지만 게임꾼들의 종착역은 주머니가 거덜 나는 것이다.

이와 관련해 부다페스트의 현명한 랍비가 한 말을 덧붙이겠다. 랍비의 지인 그륀은 신혼 첫날밤을 보낼 딸아이에게 잠옷 혹은 파자마를 선물해야 할지 조언을 구했다.

"무엇을 보내든 상관없다네."

랍비가 대답했다.

"잠옷이든 파자마든 어차피 신랑과 사랑을 나누는 건 똑같을 텐데."

Chapter 13

단골 커피숍에서의 담화(V)

André Kostolany

매우 비범한 결투

옛 부다페스트의 낭만을 보여 주는 또 다른 일화를 조금 더 소개하려 한다.

어려서부터 펜싱을 하며 성장한 유대인들은 헝가리 최고의 펜싱 선수였다. 올림픽에 참가해 여러 차례 금메달을 획득한 골드 메달리스트이기도 했다. 실제로 그들은 유대인을 박해하는 발언 때문에 무수한 결투를 벌였다.

수년간 회자될 정도로 각별했던 결투는 정말 의뭉스러운 상황에서 시작되었다. 매우 부유한 유대인 은행가와 국회의원, 즉 모리츠 바르만(Moriz Wahrmann)과 오토 헤르만(Otto Hermann), 또 한편으로는 유명 학자와 악명 높은 반유대주의자 간 결투였다. 바르만은 심한 근시였지만 권총으로 하는 결투에 동의했다. 반면 헤르만은 시력이 좋았지만 청력은 거의 들리지 않는 수준이었다.

결투장에서 등을 지고 선 후 "시작"이라는 신호가 울려 퍼지고 돌아선 후 몇 초가 흐르자 귀가 잘 들리지 않는 헤르만이 주변에 물었다.

"사팔뜨기 놈이 총을 쐈는가?"

그러자 바르만도 지지 않고 되물었다.

"이단 민족 놈은 어디 있지?"

아주 잠시 그들 사이에 적막이 흘렀다. 그런 뒤 너나 할 것 없이 공중에 총을 쏜 두 사람은 화해하고 친한 친구가 되었다고 한다. 이 훈훈한 이야기는 사람들 입에 오르내리며 부다페스트 전역에 퍼졌다.

무릇 아름다운 아가씨는 지참금이 절반이라네

금융 분야의 경제 저널리스트로 이름이 알려지면 수많은 질문이 담긴 독자 편지를 수백 통 넘게 받기도 한다. 특정 주식을 매수 혹은 매도해야 하는지, 모기지론으로 집을 사야 할지, 예금이나 국채를 계속 보유해야 할지, 금융계로 보내려면 아들을 어느 학교로 보내는 것이 좋을지 등 별별 질문으로 가득하다. 어떤 독자는 딸의 지참금을 얼마나 줘야 할지, 사윗감의 직업으로는 무엇이 좋을지를 묻기도 했다.

파리에서 지내던 어느 날 브레멘에 사는 한 낯선 남성이 전화를 걸어 만남을 요청했다. 그는 장소와 시간은 아무래도 상관없으니 꼭 한 번 만나고 싶다고 거듭 부탁했다. 결국 우리는 그가 조찬에 초대하기로 한 슈투트가르트에서 만나기로 동의했다. (당시 난 오찬이 아니라 꼭 조찬이어야 한다고 강조했다.) 두 시간 내내 그는 내게 주식시장, 금리, 투자, 금, 아들을 보낼 학교 등 궁금했던 사항들을 꼼꼼히 질문했다. 그와 대화를 나누며 난 그 남성이 매우 부유하고 토지도 소유하고 있지만 원래 그의 주 업무가 화주 및 와인 양조장 운영이라는 걸 파악했다.

이 두 시간의 '회담'을 마친 후 그는 브레멘으로 돌아갔다. 그리고 얼마 후 전화로 또 한 번의 만남을 요청했다. 이번에는 전보다 훨씬 오랫동안 시간을 가지고 차분히 대화를 나눴다. 그는 지난번에 내가 건넨 조언에 대한 선물로 그가 생산한 브랜디 한 병을 통째로 가져왔다. 그리고 세 번째 만나던 날 그가 마침내 본론을 털어놓았다.

그가 소유한 거대한 토지는 여러 세대를 걸쳐 상속된 문중의 재산으로 약 4000만에서 5000만 마르크의 가치가 있다고 추정했다. 그런데 어느 한 단체에서 그들이 추진하는 프로젝트에 해당 토지가 필요하다며 약 900만 마르크에 토지의 작은 일부분을 매입하겠다는 의사를 밝혀 왔다. 그리고 그는 정해진 기한까지 답변을 줘야 하는 상황이었다. 경우에 따라 그 단체에서 다른 대안을 찾아야 하기 때문이라고 그가 설명했다. 이런 상황에서 그가 어떻게 하면 좋을지 자문을 구했다.

"무엇을 고민합니까! 당연히 팔아야죠!"

내가 대답했다.

"첫째, 그 단체에서 토지의 현시세보다 더 많은 돈을 지급하려는 이유는 그 땅이 필요하기 때문이죠. 둘째, 부동산 시장은 아직 약세인 데다(1981년 기준) 향후 추세도 그리 긍정적이지만은 않습니다. 마지막으로 토지의 작은 부분을 팔아도 가문 소유의 토지는 여전히 충분히 남아 있을 테니까요."

"그렇죠, 맞습니다."

여전히 우울한 기색을 보인 그가 한숨을 푹 쉬었다.

"하지만 신체에서 작은 살덩이를 잘라 내는 그런 기분이랄까요."

아마도 그는 셰익스피어의 〈베니스의 상인〉을 떠올린 것 같았다. 체념 어린 말에 다소 공격적인 기분이 든 난 그에게 노골적으로 질문했다.

"지금 당신은 사업가입니까, 아니면 시인입니까?"

그러고는 순간 머릿속에 떠오른 이야기를 그에게 들려줬다.

헝가리의 결혼 문화가 엿보이는 일화가 오늘날까지 전해지고 있다. 위대한 유대인 자산가들 중 어쩌면 가장 큰 부를 축적한 자산가 가문의 창시자에 얽힌 이야기로, 이 사연의 주인공은 지방에서 아버지에게 잡화상을 물려받은 젊은 청년 레오폴트다. 훌륭한 수완으로 재정 상태가 제법 윤택해진 주인공은 부다페스트로 건너가 커다란 상점을 열었다. 외모도 출중한 데다 학식이 넘치던 레오폴트는 소위 한쪽 주머니에 쉴러의 책을, 다른 한쪽 주머니에는 하이네의 책을 가지고 다니던 문학도였다. 그렇지만 유서 깊은 부다페스트 유대인 귀족층은 변변치 않은 지방 출신이라 홀대하며 그를 쉽게 받아들이지 않았다. 비록 물질적인 성공은 거뒀지만 이런 냉대는 그에게 제법 큰 상처로 남았다.

그 일은 레오폴트가 결혼을 결심하는 계기가 되었다. 아름답고 지적인 여성을 아내로 맞이하면 부다페스트 유대인 사회에서 자신의 평판이 바뀔 거라 판단한 것이다. 당연히 배우자는 좋은 가문 출신이어야 했다. (부다페스트인들은 여성의 출신 문제에 몹시 까다로운 편이었다. 평판이 좋은 여성의 경우 그 신분이 '타고난' 것인지 지금 '유지하고' 있는 것인지를 묻는 차별적인 질문도 전부 그런 맥락이었다.)

레오폴트는 거래처에 본인과 어울릴 만한 여성이 있는지를 수소문했다. 사람들은 부유한 유대인 곡물상이자 헝가리 남부 지역 지주의 딸을 추천했다. 징거 씨는 홀아비였지만 정성을 다해 딸을 키웠다. 곡물상의 딸은 젊고 아름다웠으며 그녀의 아버지가 4만 굴덴(현재 약 50만 마르크 가치)을 딸의 지참금으로 예정해 놓았다는 소문이 돌았다.

레오폴트는 우선 징거와 사업용 서신을 주고받기 시작했다.

그 지역 근방을 방문할 계획을 세우고는 서신에 그의 딸이 지닌 미모에 대해 들은 적이 있다는 내용을 은근슬쩍 끼워 넣었다. 그리고 곧장 계획을 실행했다. 레오폴드는 서신 내용처럼 사업차 그 지역을 방문했다. 징거는 젊은 사업가를 크게 환영하며 자신의 딸을 소개했다. 몹시 섬세하고 우아하며 몸가짐도 남다른 그 여인은 프랑스어도 쓰고, 피아노 연주 솜씨도 탁월했다. 두 사람은 첫눈에 서로에게 호감을 느꼈다. 그도 그럴 것이 애당초 레오폴트는 말재주가 좋았고 헝가리 시와 독일 시를 멋들어지게 낭송할 줄 알았다. 징거는 오후 내내 두 사람이 시간을 보내도록 허락했다. 그들은 곧바로 사랑에 빠졌고 미처 날이 저물기도 전에 은밀히 약혼을 약속한 사이가 되었다. 징거는 만족스러운 표정으로 사랑에 빠진 젊은 연인을 응시하며 두 손을 마주 비볐다.

다음 날 아침, 레오폴트는 부다페스트로 출발하기 직전 아침 식사가 차려진 식탁에 징거와 마주 보고 앉았다. 인생에서 가장 중요한 순간이 찾아왔다. 레오폴트는 징거에게 부디 따님의 손을 제게 건네 달라고 청했다. 젊은 사업가는 앞으로 그의 신부가 될 그녀의 미모와 지성을 열렬히 찬양하며, 동시에 그가 그녀를 얼마나 사랑하는지 그리고 얼마나 행복하게 해 줄 계획인지를 당차게 늘어놓았다. 흐뭇한 표정으로 청년의 말을 끝까지 들은 징거가 위선적인 답변을 내놓았다.

"잘 알아들었네. 전부 내 마음에 쏙 드는군. 그리고 딸아이의 지참금은 2만 굴덴이 될 거라네."

"2만 굴덴이요? 왜죠? 따님의 지참금은 4만이라고 하던데요!"

"그게 말일세, 방금까지 자네가 내 딸이 몹시 아름답다 찬사를 보내지 않았나. 무릇 아름다운 여인은 지참금도 절반이라네."

그러자 레오폴트가 정색하며 또박또박 항의했다.

"오오, 아닙니다. 거래는 거래죠. 처음부터 지참금이 4만 굴덴이라 알고 있었으니 그건 그 금액으로 남아야 합니다. 안 그러면 심한 충격에 이 결혼마저 재고하게 될 것 같군요!"

그러자 징거가 한껏 격앙된 목소리로 외쳤다.

"아주 좋아! 자네가 이겼네. 4만 굴덴도 자네의 것이야. 솔직히 난 시험해 보고 싶었던 거라네. 자네가 그저 시나 읊는 시인인지, 사업가인지 꼭 알아야 했거든. 이제 보니 내 딸이 앞으로도 제대로 대우받을 것 같군. 자네는 현실주의자이지, 시인은 아니니 말이야."

브레멘에서 온 남자는 이 이야기를 듣더니 갑자기 웃음을 터트렸다. 저녁에 집에 가서 아내에게 들려주고 싶을 정도로 마음에 들었다며 한 번만 다시 들려 달라고 정중히 부탁하기까지 했다. 이 이야기에 나오는 이름, 연도 그리고 세세한 세부 사항을 메모하기 위해서였다.

그날 이후 연락이 뜸해지면서 결국 그가 어떤 결정을 내렸는지는 듣지 못했다. 그사이 그의 이름도 점점 내 기억에서 사라질 정도였으니 애초에 이름보다 복잡한 연락처는 당연히 떠오르지 않았다. 어쩌면 이 책이 우연히 그의 손에 닿을 수도 있지 않을까? 그러면 그때 내가 한 이 이야기를 기억하고는 내 조언에 대한 선물로 두 번째 화주를 (통째로!) 또 보내지 않을까 싶다.

적어도 박사는 되어야 해

때때로 사람들은 내게 AEG[16]를 어떻게 생각하느냐고 물었다. 아직 나와 연관성이 없었기에 달리 이 기업에 관한 뚜렷한 소견은 없다. 대신 내게도 최고의 친구인 동시에 아버지의 친구였던 카를로스 소리아(Carlos Soria) 공학 박사가 얼마나 선견지명이 있었는지를 보여 주는 일화를 하나 들려주고자 한다.

그의 본명은 카를 샤피라(Karl Schapira)로 오스트리아에서 태어났다. 그는 아르코(Arco) 백작과 함께 AEG와 지멘스(Siemens)의 자회사인 텔레풍켄(Telefunken AG)을 창립했다. 1920년대부터 그는 차세대 전기 산업 분야의 유능한 전문가로 인정을 받았다. 유대인이었던 탓에 히틀러가 권력을 장악한 직후 AEG는 신속히

16 독일의 전자·전기기기 제조업체

그를 마드리드 지사로 보냈다. 그곳에서 그는 높은 지위를 보장할 정도로 두 모기업에서 높은 평가를 받았다.

나와 나이 차이가 컸지만 그가 세상을 떠날 때까지 우리는 몹시 친한 친구처럼 지냈다. 지금도 귓가에 "앙드레 그거 알아? 지멘스는 전무후무한 기업이지만 AEG는 최악의 무질서한 경영 그 자체였지. 나는 언젠가 그 기업이 파산하리라는 걸 확신했다네"라고 말하던 그의 말이 생생하다. 그로부터 50년이 흐른 지금, 그의 예언은 적중했다.

카를로스 소리아가 '공학 박사'를 취득한 일화를 떠올릴 때면 입가에 미소가 지어진다. 젊은 오스트리아 장교였던 그는 갈라시아 근방의 소도시, 브로트에 주둔했다. 그리고 그 도시에서 가장 아름다운 아가씨이자 부유한 은행가의 딸, 폴라 할퍼른과 사랑에 빠졌다. 사랑에 빠진 폴라는 제 아버지에게 약혼 이야기를 꺼냈는데 그의 첫 반응은 시큰둥했다.

"생각 좀 해 보자꾸나! 적어도 박사는 되어야 하지 않겠니."

당시 유대인 귀족계에서 박사 학위는 선택이 아닌 '필수'였다. 의학이든 법학이든 과목은 상관없었지만, 지식인의 일원이라는 걸 입증하듯 고등교육을 받은 남자라면 박사 학위가 무조건 있어야 했다.

공교롭게도 마침 그때 베를린-샬로텐부르크 기술대학교

(Berlin Chalottenburg)에 '공학 박사(Dr. Ing)'라는 학위가 새롭게 창설되었다. 그 소식을 접하고 곧장 그곳으로 달려간 카를로스는 학업에서 요구하는 모든 사항을 수행할 수 있음을 충분히 증명한 뒤 가장 우수한 성적으로 베를린 기술대학의 제1회 공학 박사 '졸업장'을 손에 거머쥐었다. 게다가 성적 우수 표창은 황제 빌헬름 2세가 참석한 가운데 수여되었다.

그렇게 내 친구 카를로스는 '박사'가 되어 '아름다운 폴라 양'을 아내로 맞이했다. 솔직히 말해서 두 사람이 세상을 떠나지 않고 아직 살아 있었다면 그리 행복하지 않았을 수도 있다. '박사'들이 여기저기 넘쳐나는 탓에 그들의 결혼 생활은 끝없이 지루할 뿐만 아니라 불행하기까지 했을 것이다.

비망록Ⅳ

▶▷

나는 주식시장에 기생하는 식객들, 날마다 매수와 매도를 반복하는 게임꾼을 경멸하지만 그들이 없다면 주식시장이 존재할 수 없고, 주식시장 없이는 자본주의 체제가 존재할 수 없다는 사실을 인정한다. 어떻게든 주식시장을 낙관적인 분위기로 유지하려고 동원 가능한 모든 조처를 한 프랑스의 사회당 정부의 노력만 봐도 이를 알 수 있다.

▶▷

주식회사는 자유 시장경제의 기초이며 자본 이윤을 기대하는 투자는 그 동력이다. 모험가들이, 다시 말해 주식회사의 주주들이 사라진다면 이는 자유 시장경제의 종말을 의미한다.

▶▷

종종 내게 외국 증시에 대해 물으며 조급해 하는 젊은 증권중개인들을 보면 어렸을 때 나와 자주 산책을 함께하던 할아버지가 떠오른다. 내 걸음이 너무 빠르다고 생각하면, 할아버지는 뒤에서 나를 부르셨다.

"뛰지 말거라. 거지나 그렇게 품위 없이 뛰어다니는 거란다!"

초조해 하는 젊은 증권중개인들에게도 같은 말을 해 주곤 했다.

"시드니든 싱가포르든 홍콩이든 그 어디로도 달리지 말게나. 그 어느 곳도 게으름뱅이만 가득한 천국은 아니라네!"

▶▷

이윤 추구는 우리 민간경제체제의 엔진이고, 돈은 그 엔진을 움직이는 연료다. 엔진이 순조롭게 계속 작동한다면 돈 버는 즐거움이 보장된다. 다소 자조적이지만 헝가리의 옛말처럼 "돈이 있는 사람은 도요새 내장요리[17]를 먹고, 돈이 없는 사람은 도요새를 풀어준다".

▶▷

정직한 채무자는 설령 제 상속자는 실망시킬지언정 절대로 자신의 채권자는 실망시키지 않는다.

▶▷

낙천가는 주머니에 고작 20페니히[18]밖에 없어도 부유한 영주처럼 행동한다. 반면 비관론자는 금고에 돈이 가득 차 있어도 불쌍한 사람처럼 행동한다.

17 잘게 다진 도요새 내장을 토스트에 바른 요리로, 미식가들에게 진미로 평가받는다.

18 과거 독일 화폐 단위. 100페니히가 1마르크다.

▶▷

한 번은 자주 방문하던 커피숍에서 증권중개인 두 사람과 동석한 적이 있다. 한 사람은 온종일 아무 계약도 성사시키지 못했다고 투덜거렸고, 다른 한 사람은 엄청난 중개수수료를 뽐내듯 자랑했다.

"그건 이성적인 판단보다는 운이 더 좋았던 거 아닌가."

투덜거리던 중개인이 말했다. 그러자 그날 큰 성과를 거둔 중개인이 이렇게 대답했다.

"신께서 언제나 내게 그런 이성보다는 행운을 더 많이 선사하신다네."

▶▷

언젠가 몰리에르는 '너무 많은 것을 아는 바보는 아무것도 모르는 사람보다 두 배나 어리석다'라고 썼다. 이는 증시에도 적용되는 진리다.

▶▷

세상에는 반만 교육받은 사람만 있을 뿐, 완전한 교육을 받은 사람은 없다. 모든 것은 그 반쪽짜리 교육을 받은 사람이 무엇을 할 수 있는지 제대로 이해했는지에 달려 있다.

▶▷

주식시장에서 잘 쓸리는 빗자루는 새것이 아니라 낡은 것이다.

▶▷

우연히 저지른 어리석은 행동에도 우리는 종종 큰 행운을 잡기도 한다.

Chapter 14

가짜 정보를 조심하라

André Kostolany

판도라의 상자 속 일본 채권

투자자들은 언제나 자신의 사정에 최선이 무엇인지 알고 있다. 상승장을 예상하는 투자자는 항상 시세 상승을 뒷받침할 근거만 찾고, 하락장 투자자 역시 시세 하락을 암시하는 근거만을 찾는다. 그러나 주식시장에는 경계해야 할 함정과 숨은 속셈이 난무한다. 근거 없는 소문, 왜곡된 뉴스, 가짜 정보 그리고 무엇보다 진짜 정보를 잘못 해석하는 경우는 몹시 위험하다.

이런 혼란이 이어지다 보면 결국 그 무엇도 신뢰하지 못하는 상태에 이르고 만다. 그런 뒤에야 제대로 된 최종 정보가 도착한다. 다시 말해, 기존의 가짜 정보가 사실이었다는 마이너스 곱하기 마이너스는 플러스가 되듯, 가짜 정보에 관한 잘못된 해석 또한 나의 명제처럼 오히려 진실에 근접하는 계기가 되기도 한다. 그러나 순진한 투자자, 이재에 능통한 투자자 할 것 없이 모든 주식투자자가 피해자가 될 가능성이 농후한 가장 위험한 함정은 반만 사실인 정보다. 앞서 말했듯 그런 정보는 거짓 정보만큼이나 위험하다.

다음 일화가 이런 주장을 더 명확히 뒷받침할 것이다.

제2차 세계대전 이후 프랑스는 외환 보유고 부족 사태로 외국 통화와 주식에 엄격한 규제를 시행했다. 당시 프랑스인들은 보유한 외국 유가증권들을 사실상 봉쇄 수준으로 통제하는 자국의 은행 금고에 보관해야만 했다. 하지만 보관 목록에는 별 볼 일 없는 주식만 기재되었고, 불확실한 채권들도 포함되지 않았다. 어차피 해외 거래에 불가능하다고 간주한 바 외화 반입 가능성이 없다고 판단한 것이다. 외국 유가증권의 반입과 반출도 엄격히 통제했다. 반드시 동등한 금액의 유가증권을 해외로 반출해야 외국 유가증권을 파리로 반입할 수 있었다. 이는 외화 유출을 막기 위한 조치였다. 프랑스 정부가 의도한 외환 수입 지출의 균형은 이런 방식으로 유지되었다.

당시 프랑스에서 가장 유망한 유가증권 종목은 석유 증권, 특히 로열 더치(Royal Dutch)사의 주식이었다. 로열 더치 주식을 반입하려면 동등한 금액의 외국 유가증권을 반출해야만 했다. 그 무렵 불확실한 일본 채권은 공식적으로 예탁된 유가증권 목록에서 빠져 있었다. 더욱이 프랑스와 일본 정부 사이의 협상도 별 소득이 없었다. 일본이 이자도 원금도 상환할 의도가 전혀 없었던 것이다. 파리 증권거래소에도 이 별 볼 일 없는 채권들에 대해 아는 사람이 그리 많지 않았지만, 해외의 다른 증권시장에는 아예 알려지지 않았던 상황이었다.

그러다가 어느 순간 판도라의 상자가 열리기라도 한 듯 갑자기 스위스 증권가에 일본 채권이 등장했다. 이 상황을 관망하던 사람들은 점차 이 채권들이 스위스와 프랑스 시장에 동시에 쏟아져 들어와 넘쳐흐르는 모습을 의아해 하며 지켜보았다. 누구도 영문을 알지 못했다. 파리 증권가에는 스위스에서 이 채권들을 구하고 있다는 소문이 퍼졌다. 실제로 국제적인 차익 거래가 전문인 몇몇 프랑스 은행이 계속 사들이자 정보가 빠른 소식통들은 스위스에 되팔기 위한 속셈이라고 판단했다.

특정 지역의 주식 중개인은 언제나 국경 너머에 있는 동료가 그들보다는 정보가 빠삭하지 않겠느냐는 견해가 있었다. 파리에는 스위스가 일본과의 협상에 대해 알고 있다는 소문이 퍼졌고, 스위스에서는 프랑스인들이 도쿄와의 협상 진행에 좀 더 유리한 정보가 있을 거라고 생각했다. 그게 무엇이든 무언가가 임박하고 있다는 데에는 전부 동의했다. 그렇게 훌륭한 협의에 따른 협상으로 보이는 외양에 미혹된 많은 사람이 그 흐름에 동참했다.

정작 아무 반응도 없는 극동 지역

여러 투자자의 코에 고기 굽는 고소한 냄새가 솔솔 흘러 들어왔다. 중소기업가와 같은 소규모 투자자들이 관심을 가지고 이 흐름에 올라타면서 시세가 점점 상승했고, 어느 순간 이성적인 판단의 경계선을 넘어 버린 수준에 도달했다. 그러나 막상 극동 지역에서는 별다른 움직임이나 새로운 조치가 전혀 감지되지 않았다.

무엇이 진실이었을까? 비밀은 어디에 숨어 있는가? 그 내막은 단순했다.

프랑스가 로열 더치 주식을 원하다 보니 차익 거래상들은 단순히 파리에 되팔 목적으로 스위스 증권거래소에서 해당 주식들을 사들였다. 파리에서 스위스로 반출한 다른 외국 증권의 구매

대금으로 받은 외환으로 지급한다는 전제만 충족시킨다면 이 거래는 온전히 합법적이었다—즉 이 경우는 그 대상이 일본 채권이었다—.

따라서 파리에서 구입해 스위스에서 일절 손해 없이 혹은 최소한의 손해로 되팔 수 있는 유가증권을 충분히 확보해야만 했다. '일본 채권'들이 그에 적합한 대상이었다. 누구나 프랑스에서 원하는 만큼 구매가 가능했고, 스위스에 그대로 되파는 것이 가능했다. 그 이유는 무엇이었을까?

답은 아주 간단하다. 스위스의 또 다른 차익 거래상이 일본 채권들을 구매한 후 다소 불법적인 경로로 프랑스에 들여와 파리 증권거래소에 되팔았기 때문이다. 그런 뒤 암시장에서 그 판매 대금을 프랑화의 현재 가치에 준하는 외화로 환전한 후 또다시 스위스에서 해당 증권들을 구입하는 것이다. 합법적인 차익 거래상은 로열 더치 주식 반입으로 약 6~7퍼센트의 수익을 얻었지만, 일본 채권 반출로 3~4퍼센트가량의 손실이 발생했다. 바로 이 3~4퍼센트가 불법적인 경로를 통해 일본 채권 반입에 가담한 차익 거래상의 주머니 속으로 흘러 들어간 것이다.

이렇게 프랑스와 스위스를 계속 왕복한 유가증권은 동일한 채권이었던 셈이다. 즉 차익 거래를 일임받은 대형 은행이 일본 증권을 파리에서 스위스로 반출하면 암시장의 차익 거래상들이 같은 증권을 불법적인 경로를 활용해 파리로 되돌려보낸 것이다.

파리에서 출발해 스위스에 도착한 이 움직임이 관련 법적 규정을 전혀 위배하지 않았다면, 스위스에서 파리로 돌아오는 복편은 의심할 여지 없이 바른길로만 돌아오지 않은 것이다.

이웃집 잔디가 내 집 잔디보다 더 푸르지는 않다

논리적으로만 본다면 시세 변동은 없어야 했다. 사고파는 양쪽 저울판에 정확히 동일한 수의 유가증권이 놓여 있었기 때문이다. 하지만 초대형 거래에서 본인에게 유리한 징후를 읽은 세력이 이런 균형을 허물어 버렸다. 한쪽 저울판에 고작 몇 그램짜리 추를 하나 더 올리는 것만으로 충분했다. 이런 식으로 유가증권의 시세는 나날이 천정부지로 치솟았다.

결국 해당 주식 보유자와 투자자 전원이 일본과 매우 불리한 조건으로 타협을 해야 하는 불편한 상황에 이르렀다. 어느새 해당 증권의 금액이 액면가의 50퍼센트까지 추락해 버린 것이다.

이 사건은 다른 증권거래소에서 활동하는 동료들이 적어도 나보다는 더 많은 정보를 알 거라고 안일하게 생각하던 사람들에게 좋은 교훈이 되었다. 원래 이웃집 잔디가 더 푸르다고 착각하기가 쉬운 법이다.

종종 증권가에서 '특정 주식을 저렇게까지 많은 돈을 주고 사들이는 구매자는 분명 그 내막을 알고 있을 것'이라 수군거리는 동료들의 말이 내 귀에 들리곤 했다. 그런 사람들이 저 주식에 50을 지불하면 내게도 50의 가치가 있을 것이라고 말이다.

이런 안일한 태도는 추후에 막대한 실패를 야기할 수 있다. 이렇듯 증권거래소라는 무대 뒤에서 벌어지는 사건들은 치밀하고 복잡한 것을 넘어 때때로 신비롭기까지 하다.

그렇기에 거듭 반복해 말하겠다. 아무리 확실한 정보일지라도 잘못 해석하는 만큼 위험한 것이 또 없다.

Chapter 15

파리에서는 이미 알려진

André Kostolany

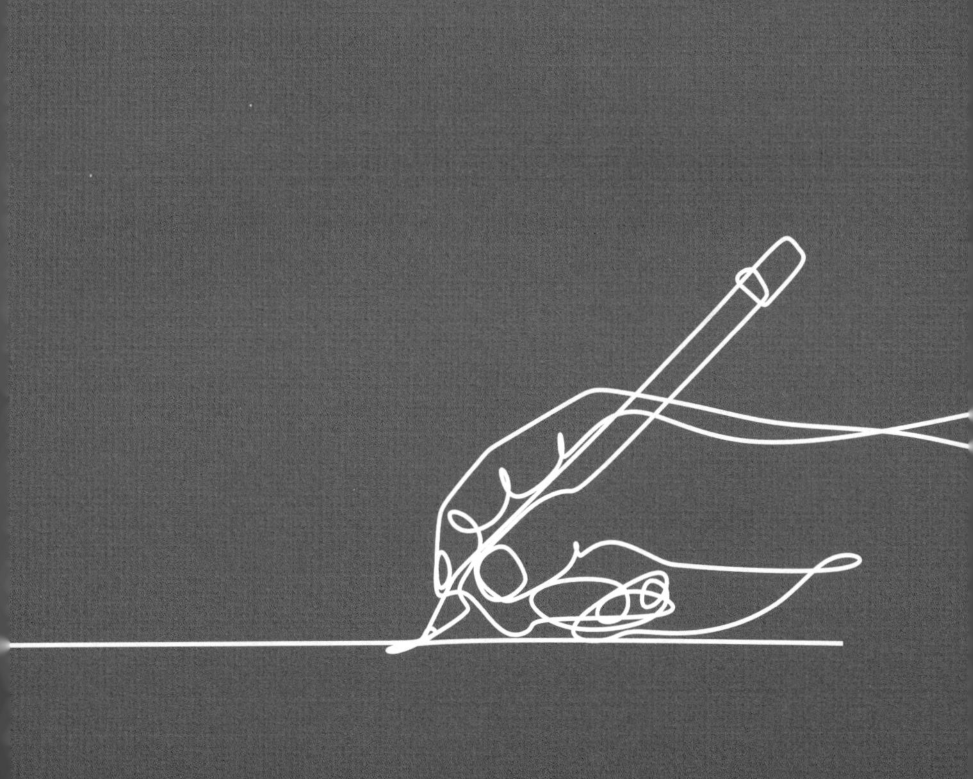

미테랑이 이끄는 프랑스에서 짙어지는 로스차일드가의 고뇌

프랑스 은행의 국유화를 빌미로 자신이 처한 운명이 처참한 비극인 것처럼 연기하기를 주저하지 않은 프랑스 파리의 은행가, 가이 드 로스차일드(Guy de Rothschild) 남작의 대처는 파렴치함을 넘어 아둔하고 정직하지 못했다. 프랑스 로스차일드 은행(Banque de Rothschild)은 프랑스의 다른 민간 은행 38곳처럼 국유화법 아래 무너졌다. 솔직히 이렇게 불평할 권리는 은행의 주인이었던 로스차일드 가문보다는 프랑스가 도입한 신규 정책의 여파로 파산이라는 직격탄을 맞은 수천 명의 예금주와 중소기업가들에게 있다. 그러나 뻔뻔한 로스차일드가의 탄원은 몰염치함 그 이상이었다.

"페탱[19]의 집권하에선 유대인, 미테랑의 집권하에선 파리아[20]!"

도대체 어떻게 페탱과 미테랑 집권하의 로스차일드를 대놓고 비교하거나 두 사람을 같은 선상에 올려놓고 비판할 생각을 했단 말인가?

여전히 많은 사람에게 신화인 그 이름!

비록 나 역시 프랑스 정부가 새롭게 시행하는 정책에 반대하는 입장이지만 로스차일드 은행의 국유화에 관해서는 그저 아주 미미한 불운이었을 뿐이라고 생각한다. 하지만 로스차일드가는 소위 자신들이 프랑스를 위해 무엇을 했는지를 과장하며 떠벌렸다. 그들의 조부모 세대야 정말 그랬을지언정—그 대가로 막대한 부를 보상받았다—그들의 손주는 전혀 그렇지 않았다. 더욱이 이 글을 읽는 독자들도 로스차일드 은행

19 Pétain, 프랑스의 원수, 제2차 세계대전 중 비시 정권의 국가 주석(1940-44)

20 인도 계급 제도에서 최하층의 천민

이 프랑스 및 세계경제에 눈곱만큼도 이바지하지 않았다는 사실을 알아야만 한다. 과거에야 귀족 출신 은행가이자 은행가의 비호를 받는 귀족이었다면, 이제는 막강한 국제 금융기관에 맞선 난쟁이에 불과하다. 로스차일드 프레르(Rothschild Frères)의 이니셜 R.F.가 곧 République Française(프랑스 공화국)를 상징하던 그런 시대는 이미 오래전에 끝나 버렸다.

그런데도 많은 사람이 로스차일드의 이름을 신화 같은 상징으로 기억한다. 막연히 무대 뒤에 있을 거라 추측만 무성하던 유대인 금융가의 은밀한 힘에 관한 동경이었다.

"어린 모리츠가 예측한 것처럼 말이지."

아마 빈의 사람들은 이렇게 말했을 것이다. 그러나 무척 고고한 태도로 은행에 관한 제 역할을 정의하던 가이 남작의 말을 떠올리면 그저 실소만 흘러나왔다.

"나는 그저 깊게 생각하고 조언할 뿐이라네."

어쨌거나 가이 남작은 자신에게도 잘못된 조언을 했던 것이리라. 그렇지 않다면 이제 와서 저렇게 불평할 일도 없었을 테니 말이다.

로스차일드가에서 저렇게까지 자화자찬하는 '천재적'인 발상을 살펴보면 예컨대 버니 콘필드(Bernie Cornfeld)에게 프랑스의 문을 개방하고, 한편으로는 IOS펀드와 주식을 선전하며 고객에게 적극적으로 추천한 이력을 들 수 있다. 다만 이러한 로스차일드의 참여와 관련해 정작 손뼉을 치며 칭찬할 만한 일은 그리 많지 않다는 것이 문제다. 그리고 저렇게까지 자부하던 은행가의 '생각'이라는 것조차 경마와 축제보다 정치적 전개와의 관련성을 설명하기 힘들었다.

어쨌거나 격분한 남작은 시위마저 운운하며 주변을 압박했다. 그것이 어떤 부분인지 알 수 있었더라면 무척 흥미로웠을 것이다. 파리 밤 문화의 폭주 기관차로 유명하던 그의 역할을 언급했던 걸까? 하인리히 하이네, 로시니, 발자크 등 노년이 된 지인들의 입회 아래 남작은 파리 유흥계의 여왕 레지느(Régine)의 클럽에 참석할 수 있는 자격을 획득했다. 훗날 비록 장소는 파리에서 뉴욕으로 옮겨 갔지만 74세의 로스차일드 남작은 사교계 여왕의 클럽을 계속 방문할 수 있었다.

뉴욕으로 활동 무대를 옮긴 후에도 로스차일드는 은행가로서 엄청난 성공을 거뒀을 것이다. 로스차일드의 신화는 수백만 명의 유대인 중 부유한 자산가의 이목을 끌었고, 그들은 무리 지어 로스차일드를 찾아왔다. 이제 유럽의 기존 고객에게 건넸던 것보다 조금 더 나은 자문을 건넨다면, 미처 이루지 못한 성공이 바로 목전이었을 것이다. 몇 년 전 수백의 독일 청중 앞에서 그들은 정치적 위험은 1초도 고민하지 말고 당장 프랑스에 투자하라고 조언한 바 있다.

가문 소유인 루 라피트(rue Laffitte) 21번지, 자신의 사무실에서 쫓겨났다고 불평하던 로스차일드 남작은 결국 프랑스의 전통을 부숴 버렸다. 언젠가 하인리히 하이네의 입성마저 거부했던 매혹적인 푸셰 성(Palais Fouché)이 있던 자리에 유리와 강철로 지은 현대식 대형 빌딩을 세워 버린 것이다.

6세대

솔직히 재벌가의 6세대에 관해서는 조금도 염려할 필요가 없다. 젊고 갑부인 이들은 세계적으로 이름을 떨친 대단한 미인들과 결혼했다. 은행이 국유화되던 그 시점마저도 떼돈을 벌었다. (당시 주식 시세는 100프랑 아래였지만 보유한 주식마다 280프랑을 보상받았다.)

포도원, 예술품, 경주마, 한때 비스마르크가 알폰소 R. 로스차일드와 함께 프로이센에 50억 프랑의 전쟁 배상금 협의를 진행했던 페리에르(Ferrières)를 비롯한 성과 저택 등 로스차일드 가문에서 보유한 개인 자산은 그대로 유지되었다. 이렇듯 문중의 개인 자산은 전부 그대로 상속되었지만 기업만큼은 젊은 로스차일드 세대가 새로이 일궈야 했다. 최악의 경우 뉴욕에서 대부업으로 추락할 수밖에 없었다. 어쨌거나 로스차일드 가문의 신세대들은 1940년 히틀러에게 핍박을 받은 그들의 조부모 세대와 달리 굳이 망명이라는 카드를 쓰지 않아도 되었다. 대신 콩코드 여객기를 타고 날아가 우아하게 월 스트리트에 입성했다.

재미있는 우스갯소리로 마무리하려 한다.

예루살렘의 통곡의 벽 아래 무릎을 꿇은 부자 그린이 간절히 기도했다.

"저는 우리 민족과 함께하고 싶습니다, 우리 민족과 꼭 함께하고 싶습니다!"

그때 옆에서 간절한 기도 내용을 들은 가난한 콘이 그린에게 말했다.

"여보게, 당신은 지금도 우리 민족과 함께 있지 않나."

그러자 그린이 대답했다.

"장소가 문제지! 나는 내 민족과 함께 월 스트리트에 있고 싶은 것이니!"

당신이 그리 원하지 않았습니까, 조르주 당댕!

로스차일드가는 그들이 소유한 파리 은행의 국유화와 관련해 비탄에 잠겨 있을 뿐만 아니라 그것이 대중을 고려하지 않은 부당한 처사라고 소리 높여 불평했다. 여기에 난 몰리에르의 말을 인용하려 한다.

“Vous l’avez voulu, George Dandin!(당신이 그리 원하지 않았습니까, 조르주 당댕!)[21]”

로스차일드 가문의 대다수가 한때 모리스 로스차일드(Maurice Rothschild)처럼 행동했다.

21 극작가 몰리에르가 공연한 희곡 〈조르주 당댕〉의 대사

로스차일드 가문에서 새로 형성한 파리 분가의 1세대 가주의 사촌이었던 모리스 로스차일드는 상원의원일 뿐만 아니라 유럽에서 가장 부자였다. 언론 보도에 따르면 1957년 사망한 그가 남긴 재산은 당시 10억 마르크를 상회했다.

평소 사치를 즐기던 방탕아 모리스 로스차일드는 파리 몽소 공원(Parc Monceau)에 위치한 자신의 저택에서 대규모 축제와 리셉션을 정기적으로 개최했다. 로스차일드 가문의 연회 중 최고봉이라 할 수 있는 축제는 항상 6월 마지막 주 토요일 저녁, 즉 파리의 그랑프리(Grand Prix) 전날 밤에 개최되었다. 파리 상류층과 로스차일드 가문에서 파리를 이끌어간다고 판단한 파리지앵이 대거 초대되었다. 무슈 카르티에(Cartier)와 그의 부인도 이 저녁 행사에 참석했다.

전 세계에서 가장 큰 보석상인 무슈 카르티에는 프랑스 상공회의소의 회장이자 추후 미국으로 파견될 프랑스 외교관으로 내정된 거물이었다. 게다가 그의 부인, 마담 카르티에는 출생 자체가 헝가리의 알마시 백작—그녀에게서 이 이야기를 들었다—인 고위 귀족이었다.

모리스 로스차일드가 현관에서 손님을 맞이하던 중 카르티에 부부가 도착했다. 무슈 카르티에는 저택의 주인에게 초대장을 건네며 말했다.

"친애하는 남작, 당신의 비서관이 실수한 것 같더군요. 초대장을 내 부인 앞으로 보냈으니 말이오."

"그건 전혀 실수가 아니었습니다."

모리스가 대답했다.

"저는 제 축제에 사업과 관련된 거래처를 초대하지 않으니 말입니다."

이에 다소 얼굴을 붉힌 카르티에는 불편한 기색으로 "거참, 설명이 지나치구만!"이라고만 웅얼거릴 뿐이었다.

비망록 V

▶▷

언젠가 몰리에르는 "사람들 대부분은 질병이 아니라 잘못 처방된 약 때문에 죽는다"라는 글을 쓴 적이 있다. 최근 몇 년만큼 그 말이 적중한 적이 또 없었다. 많은 예금자가 고이 저축해 놓은 예금을 날려 버렸다. 그들은 화폐가치의 하락이 아니라 인플레이션을 이용해 수익을 올리려 했던 것이다.

세무서를 속이려다가 돈을 잃은 사람도 많았다.

▶▷

볼테르는 "상황이 아무리 나빠도 좋은 결과가 이어질 수 있다"고 말한 적이 있다. 이는 주식시장에도 적용되는 명언이다.

▶▷

볼테르는 "돈을 버는 것보다 쓰는 것이 훨씬 쉽다"고도 했다. 나는 달리 말하고 싶다. 우선 돈을 벌어 봐야 돈을 쓸 수 있다.

▶▷

언젠가 프랑스 재무장관(뱅상 오리올, Vincent Auriol)은 이따금 그의 의견을 실현해 보고 싶은 충동을 느끼게 만드는 명언을 남겼다.

"나는 은행을 전부 폐쇄시키고, 은행가들은 싹 다 감옥에 처넣고 싶다!"

▶▷

은행가는 솔로몬처럼 현명하고, 아리스토텔레스처럼 똑똑하고, 삼손처럼 강하고, 므두셀라[22]처럼 나이가 지긋해야 한다.

▶▷

프랑스의 위대한 작가 스탕달(Stendhal)의 묘비에는 '삶을 사는 동안 글을 썼고 그리고 사랑했다'라고 적혀 있다. 불운한 투자자의 묘비라면 '삶은 사는 동안 투자했고 다 잃었다'라고 적힐 것이다.

▶▷

군중심리에 의한 반응은 전염병과 비슷하다. 극장에서 누군가 하품을 하면 얼마 지나지 않아 그곳에 있는 모두가 하품하게 된다. 누군가 기침을 하면 그 즉시 모두가 기침한다. 주식시장도 마찬가지다. 누군가 "불이야!"라고 외치는 순간 모두가 이성을 잃고 허둥댄다.

▶▷

시인인 한 친구가 언젠가 내게 말했다.

22 구약성경에서 969세까지 살았다고 하는 노아의 조상

"내게 돈이 많았다면 내 재산을 전부 돈을 그리도 사랑하는 부자들에게 넘겨줄 거라네."

▶▷

돈과 관련해서는 오직 한 가지 슬로건만 존재한다.

"더 많이!"

▶▷

진정한 주식투자자는 알코올중독자와 같다. 만취한 다음 날이면 절대 술 한 잔도 입에 대지 않겠다고 맹세한다. 그렇지만 그다음 날 저녁 7시 무렵 딱 칵테일 한 잔으로 시작한 것이 두 잔으로 늘어나다가 한밤중에는 전날 밤만큼 만취하고 만다.

▶▷

언젠가 로스차일드는 "나를 따라 주식투자를 하는 사람은 쓰라린 경험을 하게 될 것이다"라고 말했다.

▶▷

증권거래소에는 항상 부를 축적한 가문의 1세대를 찾아볼 수 있다. 2세대는 그 부를 누리고 3세대는 재산을 잃어버리거나 낭비한다.

▶▷

나는 주식 거래 시간에 증권거래소에 갈지, 낚시하러 갈지 스스로 되묻곤 했다. 증권거래소에서는 다양한 정보를 얻고도 그와 반대되는 행동을 취할 수도 있지만, 낚시하러 가면 무엇을 하지 말아야 할지 차분히 고민할 수 있다.

Chapter 16

전부 잘되고 있어!

André Kostolany

거북이의 승리

미국 방법론을 분석할 때면 무의식적으로 프랑스의 시인, 장 드 라 퐁텐(Jean de la Fontaine)의 우화 『토끼와 거북이』가 떠오르곤 한다. 이 우화에서 토끼와 거북이는 경주 내기를 한다. 느린 거북이를 놀리던 토끼가 이리저리 폴짝거리고, 먹고, 낮잠 자는 동안 거북이는 시간이 걸리더라도 최선을 다해 목적지까지 서두른다. 그 결과 누구나 알고 있듯이 최종 목적지에 먼저 도착한 건 거북이였다.

'끈질긴 인내만이 전투를 승리로 이끈다.'

내 눈에는 거북이를 상징할 미국이 그렇게 보였다. 여기서 토끼는 국방 분야이든, 기술 혹은 경제 분야이든 각각의 부문에서 미국과 경쟁하는 상대를 상징한다. 거의 모든 분야에서 '오래 걸려도 끈질기게 노력한다'를 모토로 세운 미국은 지금까지 그들에게 도전장을 내민 경쟁자들에게 승리를 거뒀다.

베트남과 워터게이트(Watergate) 사건으로 촉발된 경제 위기 속에 미국이 해결해야 할 숙제는 넘쳐났다. 학생 폭동, 인종 문제, 마약 중독 등등. 정치적 측면으로만 본다면 이런 과제를 전부 해결하거나 적어도 무력화시킨 것 같았다. 그러나 오늘날까지도 미국은 우리가 전혀 예상도 못하는 기술 부문의 기적을 실현하기 위해 수많은 연구자, 과학자, 기술자가 그들의 연구실에 틀어박힌 채 전력을 다해 연구에 몰두 중이다.

그 뒤로도 미국에는 석유 파동, 인플레이션 공황, 달러 붕괴가 연이어 터졌다. 미국 경제의 상징, 월 스트리트의 차트가 나락으로 곤두박질쳤다. 이러한 굵직한 사건에도 미국을 향한 나의 낙관주의는 변함이 없었다. 이 거대한 다민족 나라의 자가 치유 능력을 지난 몇 십 년간 보아 온 나는 확고한 믿음이 있었다.

이는 제2차 세계대전 과정에서 피상적인 전쟁으로 인한 면역력을 갖추며 날마다 미국에서 새로운 경험치를 쌓은 결과였다. 돌이켜 보면 그 시절 미국의 변화는 얼마나 급진적이었던가? 내 예상을 넘어설 정도로 변화의 속도는 빨랐다. 인생도 대부분 그렇지만 현금 투자 부문에 있어서는 인내가 몹시 중요하다. 그리고 내 눈에 그것은 미덕처럼 보였다. 때때로 인내는 현금으로 되돌아오기도 한다.

과거 나폴레옹은 이렇게 말했다.

"끈질긴 자가 전투에 승리한다."

결국 고집스레 버텨 낸 미국은 제2차 세계대전에서 완승했다. 히틀러가 움켜쥔 권력을 그의 손아귀에서 빼앗는 건 어린아이의 놀이처럼 절대 쉬운 일이 아니었다. (베트남전쟁은 몹시 특별한 경우였다. 전형적인 정글 전이었던 이 전쟁에서 미국은 베트남 좌파 지식인과 고국의 평화주의자에 의해 군사적 패배뿐만 아니라 심리적 패배를 감수해야 했다.)

이미 지난 일일 뿐

불과 25년 전만 해도 과학 부문에서 스푸트니크[23]는 커다란 도전 과제였다. 과거 소련이 이룩한 도약은 이제는 잊힌 지 한참 된 일이다. 2000년에 미국 레이건 대통령이 미사일을 파괴할 레이저포를 구현하겠다고 야심 차게 발표했지만, 이미 발표 당시에 약 75퍼센트는 완성되어 있었을 것이다. 그렇지 않고서는 언급조차 하지 않았을 테니까. 소련도 같은

23 구소련의 인공위성

의견이 아니었다면 그렇게까지 날 선 반응으로 맞서지 않았을 것이다.

숫자가 모든 것을 설명해 주는 달러 붕괴 위기에 관해서는 별다른 설명이 불필요하고, 인플레이션도 마찬가지다. 에너지 문제에 관해서도 거북이는 압승을 거뒀다. 불과 3년 전 다보스에서 쉐이크 아흐메드 사키 엘 자마니(Sheikh Ahmed Saki el Jamani)는 그만의 부드럽고 온화한 말투로 향후 유가가 계속 오를 거라 단언했다.

더불어 엘 자마니는 세금 인상으로 유가 상승을 부추기는 미국 정부의 속내를 격렬히 비판했다. 그의 말에 의하면 석유에 더 많은 돈을 청구할 대상은 미국 정부가 아니라 전적으로 OPEC의 소관이었기 때문이다. 그는 미국에 엄격한 가르침을 선사하겠노라고 거듭 반복했다.

Tempi passati(그것도 이미 다 지난 일이다). 하지만 승기를 거머쥔 건 OPEC이 아니라 미국 기술의 무한한 가능성이었다. 솔직히 오늘날 우리 또한 인정하듯이, 현 석유 파동 위기의 배후에서 가장 기꺼운 표정으로 두 손을 마주 비벼 대는 것은 엉클 샘, 즉 미국 정부였다.

낙관론 양성학교에 관한 의견 표명

나는 미국뿐만 아니라 서유럽 전체에 낙관적인 태도를 고수하고 있다. 향후 다가올 미국의 호경기로 수혜를 입을 독일 또한 그것을 발판으로 새로운 정치적 방향을 수립할 것이다. 세간에 입만 열면 국가 파산, 금융 위기, 금리 재앙 및 그와 유사한 불행에 관한 비관론을 퍼트리는 경제전문가들을 배출하는 비관론 양성학교가 있는 게 아니냐는 소문이 있다. 그렇다면 나는 그런 음울한 경제전문가에 맞설 낙관론 양성학교 설립을 공표하는 바이다. 관심 있는 지원자는 누구나 대환영이다!

그래도 오펜부르크 회담에는 참석했었지

정상회담은 마치 연극의 한 장면처럼 연출할 수 있다. 자고로 이런 회동에는 공통점이 있다. 얼마 전 서방세계에서 주축이 되는 7대 산업 국가의 수장이 한자리에 모인 역대급 괴물 회담에서도 마찬가지였다. 모두가 각국이 취할 이득만을 계산했다.

그에 대해 골똘히 생각에 잠기다 보면 또다시 내 오래된 친구, 그륀이 떠오른다. 그 똑똑한 남자가 언젠가 카페에 앉아 괴로운 듯 연신 한숨을 내쉬었다.

"그래, 그래. 누구나 자기만 생각하지. 내 생각을 하는 것도 나뿐이야."

이 영리한 그륀처럼 정상회담 참석자들은 그곳이 브레멘이든, 본이든, 윌리엄스버그든, 야자수가 가득한 이국의 섬이든 매번 입장이 같았다. 물론 자유 세계 전체의 안전이나 테러리즘과의 전쟁처럼 함께 논의해야 할 의제도 있었다. 그러나 돈이 엮이면 그러한 연대란 불가능해진다. 돈이 개입되면 누구나 제 실리만 생각하는 법이니 말이다.

경제 활성화 방법에 관한 질문에 각국이 내놓은 의견 격차가 유독 벌어졌다. 각 정부는 '일자리 창출이냐 혹은 안정성이냐?'라는 문제에서 그들만의 명쾌한 분석을 토대로 그들의 유권자들이 기대할 법한 맞춤식 방안을 제시했다.

나는 세상을 떠들썩하게 만들었던 윌리엄스버그 회담에는 참석하지 못했지만, 오펜부르크[24] 회담에는 자리를 함께했다. 회담 장소는 높은 역사적 가치를 지닌 대저택이 아닌 일반 커피숍이었지만 몹시 의미가 있는 회동이었다. 이 회의에는 연기나 하는 정치인이 아니라 나이가 8, 90세인 증권가의 베테랑들이 참석했다. 신의 은총을 받은 부다페스트 증권거래소의 산증인들이라 불리는 이 시니어 베테랑들이 게자 켈레멘(Geze Klemen)을 주축으로 한자리에 모였다. 나를 포함한 참석자들은 끝내 아무런 결론을 내리지 못했지만—자본주의 세계의 가장 큰 불행이다—적어도 향후 경제, 주식시장의 동향에 관한 각자의 예측을 교환했다.

24 다뉴브 강 우측 강둑을 따라 위치한 부다페스트 지역의 옛 이름

낙관주의는 참석자의 의무

이 회의에서 내린 공식 성명은 다음과 같았다.

"두려워할 필요가 전혀 없다. 모든 것이 온전히 통제되고 있다."

그런 만큼 국가 파산, 금융 붕괴 및 몇몇 은행주의 고액 배당도 없을 거라는 의견이 지배적이었다. 이제 OPEC 독주가 끝나면서 유가는 앞으로도 계속 압박을 받을 가능성이 몹시 크기에 인플레이션도 통제할 수 있다. 금리는 당장 내일이 아니라 모레부터라 할지라도 차츰 인하될 가능성이 있다.

외환의 경우 달러와 다른 통화의 환(換) 시세 평준화를 꾀하려던 시도가 전부 실패하고 말았다. 결국 외환과 관련된 경제 투기는 시간만 잃어버린 꼴이 되었다. 달러화의 동향은 나머지 세계와 비교한 미국 경제 발전 가능성에 전적으로 달렸다고 평가했다. 컴퓨터로 달러의 실제 가치를 측정하는 건 불가능하다. 게다가 기본 조건이 전부 다르기에 각기 통화의 구매력을 비교하는 것도 불가능했다.

미국은 독점 시장이 구축된 상품, 즉 최첨단 기술력을 기반으로 수출에 주력했다. 예컨대 사우디아라비아는 설치 비용에만 무려 160억 마르크가 투여되는 AWACS(Airborne Warning And Control System, 공중조기경보) 통제기에 오래전부터 심혈을 기울였다. 이들을 비롯해 당장 미국의 선진 기술이 사라진다면 곧장 세계가 멈춰 버릴 것이다. 즉 수백이 넘는 기술적 기적을 일궈 낸 이 나라보다 그 기술을 더 저렴하게 공급할 수 있는 곳이 있을까? 더욱이 전 세계에서 가장 실속 있는 증권시장이 바로 월 스트리트였기에 미국 주식에 관한 달러의 구매력은 비교적 높은 편이었다.

그렇다면 예를 들어 슈투트가르트와 뉴욕의 호텔비를 근거로 특정 통화의 구매력을 비교하는 건 어떨까? 슈투트가르트에서 최고급인 호텔이라도 뉴욕 월도프 아스토리아 호텔보다 방값이 저렴하다는 건 나도 인정하는 바이다. 솔직히 말하면 비교 자체가 어불성설이다. 슈투트가르트 호텔 현관을 벗어나면 기껏해야 슈투트가르트 기차역이 보이지만, 뉴욕 월도프 아스토리아 로비에서 나서는 순간 눈앞에 펼쳐지는 모습은 파크 애비뉴(Park Avenue)이기 때문이다.

OPEC 국가에서 수입한 석유 대금은 달러로 지불되었고, 즉시 지불하지 못한 외상액의 상당수는 달러로 표기되었다. 전 세계 달러 부채의 이자는 미국의 한 해 무역 적자보다 더 많을 것이다. 그 적자 또한 타지인의 석유 대금에서 비롯되었다. 재정적인 측면에서 보면 달러화로 유지되는 손실이 절반에 달하기 때문이었다. 이런 식의 달러만이 존과 스미스의 계좌에서 알리바바와 무스타파의 계좌로 이체가 허용되었다. 그런 만큼 금리는 향후 인하될 요인이 충분하고, 달러화는 견고한 상태를 유지할 것이다.

즉 달러 시장의 위치에서 보면 사우디아라비아, 쿠웨이트와 샤이히[25] 통치 지역이 이 달러 제국에 속한다. 전 세계 석유 수입국이 전부 달러 제국의 품에 떨어졌다. 참으로 의아한 건, 수년 전부터 유가가 폭등할 때마다 오히려 정반대로 주장했어야 할 외환 전문가들이 주야장천 달러에 관한 부정적인 예측을 쏟아 낸다는 점이다.

금리와 달러 환율 변동 사이에 자동화란 없다

예전에도 그랬지만 나는 지금도 특히 외환전문가, 도박꾼 그리고 책임감 강한 기업인들에게 금리와 달러 환율 변동만 보고 기계처럼 자동으로 투자하는 일을 주의해야

25 이슬람 지역 지도층 인사에 대한 존칭

한다고 경고한다. 젊은 모리츠는 금리가 이 정도면 달러도 이 정도일 거라 막연히 예측했다. 무수한 변형이 개입할 때마다 살펴보면 제각각의 논리적 설명이 존재한다. 그러나 투자자 대다수가 이런 변동성을 한참 뒤에야 깨닫는 비극이 자주 일어난다.

미국의 연방준비제도(Federal Reserve)는 미국 통화의 신뢰도를 강화할 목적으로 금 시장의 규제를 완화하고 금리를 낮추기도 한다. 반면 1970년대의 경우 금리가 높았는데도 달러도 급락했다. 당시 달러화의 신뢰도가 추락했기 때문이다. 미국 경제 잠재력의 상징인 달러화의 신뢰도가 상승하거나 독일 마르크화의 신뢰도가 무너진다면 더 많은 돈이 미국으로 유입되고 이것이 달러 환율을 끌어올리는 견인차 역할을 하는 동시에 금리 인하로 인한 현금 유동성도 늘어난다. 여기에는 수십 가지 이유가 있을 수 있다. 나는 금리와 미국 달러, 독일 마르크의 시세 평준이 이와 전혀 무관하다고 주장하려는 것이 아니다. 다만 달러가 상승하면 독일 중앙은행에서는 국외로 빠져나갈 자금을 우려해 독일 마르크화의 금리를 완화하지 않을 가능성이 있다.

그러나 단순히 고금리만으로는 지난 몇 년간 급등한 달러 유출을 뒷받침하기 어렵다. 달러 예금의 높은 금리가 아주 매혹적이긴 했지만 막대한 달러 부채와 그에 따른 이자가 점진적으로 상환되는 것이 더욱 중요했다. 그런 만큼 항상 높은 예금이자가 가장 결정적인 것은 아니었다. 수년간 전 세계는 달러화로 많은 자금을 차입했는데 오로지 투기 목적이었다. 이런 행보는 1926년의 프랑화와 똑같았다.

'1달러는 1달러일 뿐이다!'

이 회동에서 발표한 공식 성명의 핵심 내용 중 하나가 바로 달러 환율 분석이었다.

1688년 주식 거래에 처음으로 등장한 책의 이름은 『혼란의 혼란(Verwirrung der Verwirrung)』이었다. 단언컨대 오늘날 중앙은행 은행장, 경제전문가, 정치인들 역시 이러한 혼란이 지배적일 것이다. 달러화의 고공 행진에 저들 역시 몹시 놀랐을 거라 확신한다. 1978년부터 내가 누누이 반복하며 언급한 진실의 시간이 다가오고 있다.

나는 이런 혼란의 근본적인 원인이 달러를 바라보는 두 세대의 판이한 의견 불일치에서 비롯되었다고 생각한다. 현세대의 외환전문가와 머니 매니저는 수년간 이어진 달러 약세를 몸소 겪으며 살고 있다. 이들은 행여 달러가 휴짓조각이 되어 버리지 않을까 촉각을 곤두세우며 지켜보고 있다. 달러를 향한 나의 믿음은 앞서 말했듯이 제2차 세계대전 동안 미국에서 쌓은 경험에서 비롯된 것이다. 막대한 금전과 군수품이 드는 와중에도 달러는 약세에 접어들기는커녕 오히려 강세를 보였다.

당시 뉴욕에 사는 지인들 중에 오스트리아 빈 출신의 두 여성이 있었다. 서로 자주 만나던 두 여성은 매번 청구서를 1원 단위로 낱낱이 살피곤 했다. 그렇게 꼼꼼한 정산을 마친 뒤 "내게 아직 50달러를 더 줘야 해" 혹은 "내게서 받을 돈이 아직 75달러 남았어" 하고 말했다. 언젠가 그런 모습을 보다 못한 내가 "정말 인색하군요"라고 슬쩍 말했다.

"그렇게 1달러, 1센트 단위까지 모조리 계산하다니요!"

"어째서 안 되죠?"

그러자 그들이 내 말에 항변했다.

"1달러는 1달러일 뿐인걸요!"

전 세계에 고갈되어 가는 달러 기아 상태를 보고 있노라면 그때 그녀들이 한 말이 귓가에 울려 퍼진다. 물론 당시의 달러 가치와는 다르지만 여전히 미국 통화임은 동일하다. 미국의 '달러 사냥'은 종종 유럽에서 조롱당하곤 했다. 하지만 지금 그들은 그 대열에 발 벗고 동참했다.

물론 그사이 외환 투기꾼들은 수억 달러를 휘두르기 시작했다. 금리가 8분의 1로 하락하거나 상승한다는 뉴스가 터져 나올 때마다 그들은 미친 듯이 서두르며 달러를 사거나 내다 팔았다. 거래 금액은 수십억 달러에 달했다. 지난 몇 년간의 교훈만으로는 분명 충분하지 않았던 것이리라. 그러므로 이러한 급격한 변동은 앞으로도 지속될 것으로 보인다.

유가증권에
베팅하라!

머리가 희끗희끗한 노년의 신사만 참석한 오펜부르크 회합이었지만, 단 한 가지만큼은 여성 참가자들이 함께했던 윌리엄스버그의 그림보다 뛰어났다. 우리는 서로에게 유익한 자문을 건네는 데 막힘이 없었다.

그러므로 우리가 오펜부르크 증권시장의 시니어 자문 역할을 맡는 건 필연적이었다. 오랜 경험을 갖춘 전문가로서 우리가 건넨 가장 중요한 권고는 증권거래소의 동료에 관한 내용이었다. 다시 말해 항상 인내심을 가지고 임하며 불굴의 신뢰를 바탕으로 특히 경제가 회복할 시간을 허락해야 한다는 주장이었다. 주식 시세가 '고점'을 찍으면 전문가들은 그만큼 따라올 준비를 갖추지 못한 경제 상황에 너무 쉽게 실망한다. 그러면 주식시장의 시세는 다시 '저점'으로 하락하기 마련이다.

지나치게 낙관적인 기대 뒤로는 실망이 따르기 마련이고, 그 문제를 보완하는 과정을 거쳐 다시 낙관론이 서서히 기지개를 켠다. 반려견과 함께 산책을 나선 한 남성을 떠올려 보자. 남성이 한 걸음씩 걸어가는 사이 반려견은 앞으로 저만큼 달려 나갔다가 주변을 이리저리 뛰어다니고 마지막에는 제 주인 곁으로 돌아온다. 그러나 처음 출발한 지점으로 돌아가는 경우는 없다. 반려견의 주인이 계속 전진하기 때문이다. 여기서 남성은 경제를, 반려견은 주식시장을 상징한다.

결론은 이렇다. 투자가 목적이라면 특히 반려견이 다시 주인 곁으로 되돌아오는 시점을 제대로 공략해 유가증권에 집중해야 한다. 오펜부르크 회합에서 우리가 합의한 동향 예측을 부디 마음에 새기기를 바란다. 참석자들 가운데 내가 가장 젊기도 했지만, 유일한 발표자였기에 더더욱 그렇다.

Chapter 17

단골 커피숍에서의 담화(VI)

André Kostolany

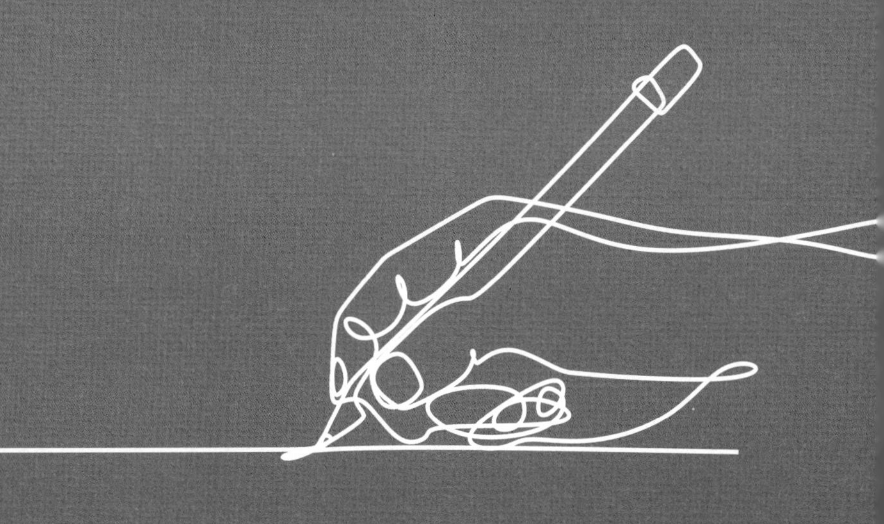

이바르 크루거의 미덕

1932년 3월 12일, 스웨덴의 성냥왕으로 불리던 이바르 크루거(Ivar Kreuger)는 향년 52세에 파리 빅토르 엠마누엘 III 애비뉴 5번지에 위치한 본인 소유의 아파트에서 싸늘한 주검으로 발견되었다. 전 세계는 충격에 빠졌고 세계경제도 요동쳤다. 수십억 단위의 사업이 이 사내에게 달려 있었으며, 가히 유럽 인구의 절반이 그의 대출로 생활했다고 할 수 있었다.

세간에 이바르 크루거라는 인물의 죽음에 관한 일화와 소문은 차고 넘친다. (나 역시도 얼마 전 집필한 저서 『돈과 증권시장의 원더랜드』에서 인사이더 스토리로 소개한 바 있다.) 그중 이바르 크루거 성격과 재치 그리고 그의 본질적인 특징을 조명한 짤막한 일화를 소개하려 한다.

크루거는 파리에 있는 한 은행의 실소유주나 다름없었는데 어느 날 그는 유명한 방돔 광장에 있는 저택에 마련한 사무실이 비좁아졌다고 느꼈다. 당시 저택 건물의 외관은 방돔 광장처럼 문화재 보호 대상이었지만 이바르 크루거는 건물 증축을 원했다. 문화재 보호 대상인 외관의 정면을 제외한 집 전체를 허물고 다시 튼튼하게 확장하는 것이 그가 세운 계획이었다.

크루거가 세입자에게 큰 금액의 보상을 지불했다. 그 결과 건물 전면의 오래된 조화 부티크 주인을 제외한 모든 세입자가 그 건물을 떠났다. 크루거는 더 큰 보상금을 제안했지만, 전반적으로 외국인 혐오 성향에 악의적이고 고약한 성격의 소유자로 알려진 상인은 단칼에 거절했다.

"싫습니다! 크루거 씨, 은행을 파리에서 가장 아름다운 이 광장이 아니라 당신 집이 있는 스톡홀름에나 세우시죠."

"그러시다면 제안을 철회하죠."

이바르 크루거가 말했다.

"외관 정면에 있는 부티크는 도면상 그대로 둬도 상관없으니까요."

건물 철거를 위해 인부들이 일을 시작하던 날 조화 상점의 주인, 무슈 르스피오(Lespiau)가 나타나 외관 정면의 후미 부분을 철거하는 작업에 크게 항의했다. 그의 임대계약서에는 다락방 하나가 보장된다는 조항이 별첨되어 있었다. 그는 이 철거 작업으로 다락방이 무너질 판이라며 길길이 날뛰었고, 가만있지 않겠다고 협박했다—물론 정확히 이 사안과 관련해!—.

그새 보고를 받은 크루거가 나타나 상인이 언급한 그 장소를 흘깃 바라보고는 결단을 내렸다. 일꾼들이 작업하는 동안 다락방을 지지할 좁은 탑을 쌓아 올리라고 지시했다. 그리고 공사 완료 후 손대지 않은 조화 상인의 옛 다락방을 철거하는 것으로 계획을 수정했다.

그렇게 대대적인 공사가 시행되었다. 그리고 무슈 르스피오는 남은 생애 동안 자신의 부티크와 다락방에 머물며 행복하게 살았다.

알프바흐는 즐거움 그 자체지!

알프바흐는 악몽이라기보다 오히려 정반대인 곳이다. 카페를 사랑하는 사람들에게는 꿈만 같은 곳이다. 알프바흐 포럼이 열린 장소가 멋진 풍경에 향긋한 공기가 가득한 거대한 커피숍이었다. 그때부터 내가 황실 및 왕실 제품에 매료된 것도 당연한 일이다. 알프바흐의 성공 비결은 거기에 있었다. 'Au rendevous de professeurs', 다시 말해 '교수들의 회합 장소'라 불리기에 충분한 그곳은 배움의 장소 그 이상이었다.

다만 썩 마음에 들지 않은 두 가지가 있었다. 첫째로는 경제학이 학문의 영역으로 격상했지만 실상은 절대 그렇지 않다는 것이다. 최고로 쳐도 예금주와 국가의 지갑을 위한 '치료법'에 불과하다. 둘째로는 여러 발표자가 남발하는, 그럴 듯해 보이기만 하는 표현 방식과 구름처럼 흐릿하기만 한 학문적 가치가 몹시 거슬렸다. 그들이 주장하는 내용의 그 이면에는 뜨거운 열기 이상의 것은 없었다.

변혁이란 사실

언젠가 포럼에서 '변혁의 구조'를 주제로 이야기를 나눈 적이 있다. 정확히 말하면 '경제 구조란 무엇인가?'를 논하는 자리였다. 여기에는 항상 생산자와 소비자, 돈과 상품, 국가와 국민, 고용주와 고용인 등의 관계가 존재한다. 변혁의 시기가 찾아오면 언제나 이런 관계의 위치 변동이 일어난다. 다시 말해 '변혁'이란 자본주의 시스템이 공산주의로 뒤바뀌고, 그것도 발전이라는 과정이 아닌 무력으로 변할 때를 말한다.(이런 심포지엄에서는 머릿속의 모든 사실을 뒤죽박죽으로 만드는 소련의 왜곡된 선전과 공격성이 가장 큰 위험 요소였다. 우리는 이를 지나칠 정도로 과소평가하고 가볍게 생각하는 경향이 있었다.)

대부분의 토론이 비창조적인 대화에 불과했다. 발표자든 참석자든 그 누구도 실제 결정에 영향력을 행사할 권한이 없었기 때문이다. 절대적인 필요에 의한 회합이었다면 이렇게 유럽 어딘가에 있는 토론 클럽이 아닌 워싱턴 DC에서 모였을 테니 격조 높은 회담이라 할 수도 없었다. 게다가 진리란 중용에 있는 것이기에 거론된 특정 이론에 대한 결론 또한 중요하지 않았다.

되도록 그 길목이면 좋겠습니다

국가 또는 완전한 자유, 감옥 또는 정글, 정말 딱 한 곳만 선택해야 한다면 나 또한 부다페스트에서 텔아비브를 계속 왕복하던 내 친구, 그륀과 다르지 않았을 것이다. 미처 행선지에 도착하기도 전에 새로운 곳에 대한 들뜬 기대감이 사그라든 그륀은 부다페스트로 돌아가고 싶은 마음만 가득했다. 되돌아온 부다페스트에서도 끝내 마음의 평안을 찾지 못한 친구는 각고의 노력 끝에 다시 텔아비브로 향했다. 그러나 이스라엘에서도 뭔가 헛헛한 마음에 또 한 번 헝가리 비자를 받으러 여권교부과를 방문했다. 그와 이미 여러 차례 인터뷰를 진행한 공무원은 자제력을 잃고 가시 돋친 음성으로 물었다.

"선생님, 이제 마음을 정할 때가 된 것 같습니다. 도대체 어디에 살고 싶은 거죠? 텔아비브입니까, 아니면 부다페스트입니까?"

그러자 그륀이 대답했다.

"되도록 그 길목이면 좋겠습니다."

급변하는 세상에서 어떻게 몇 년 후의 일을 결정할 수 있겠는가? 단순한 공론이라면 주식시장도 그렇지만 경제를 바라보는 실용적 관점 측면에서도 기회는 유일하다. 시시각각 등장하는 위험을 헤쳐 나가려면 스캣이나 포커 게임처럼 즉흥적인 대응이 필수다. 카드 게임에는 꼭 지켜야 하는 룰이 있지만 진행 경과는 어떤 카드를 받느냐에 달렸다. 경제의 방향을 틀어야 하는 사람의 경우 우선 카드의 패를 받는 것을 팩트라 부르고, 그 후 게임 과정에서 그가 취하는 조치를 결정이라 부른다.

미스터 알프바흐 선발

알프바흐로 돌아가 보자. 알프바흐는 수다를 떨고, 논쟁을 벌이고, 때로는 누군가를 유혹하는 장소인 커피숍이다. 사상과 가십이 가득한 그곳은 많은 교류의 장이었다.

어느 날 저녁, 그곳을 대표할 미스터 알프바흐를 선발하는 이벤트가 개최되었다. 여러 적극적인 후보자가 거론되었다. 만약 나에게 권한이 있다면 이 영예를 (매년 그리고 앞으로도 영원히) 오스트리아 은행의 게오르그 짐머-레만 박사(Dr. Georg Zimmer-Lehrmann)에게 안기고 싶다. 매년 누가 후보에 오르고 선출되더라도 내 눈에는 그가 영원한 '미스터 알펜바흐'일 것이다. 흥미로운 강연 때문만은 아니다. 그리운 옛 오스트리아를 연상케 하는 그의 성품이 한몫했다.

부다페스트의 자린고비

이번 장도 짧지만 재미있는 일화로 마무리하려 한다.

언젠가 단골 커피숍에서 부다페스트 최고의 자린고비를 두고 열띤 토론이 벌어졌다. 최종 후보는 발칸 지역에서 담배 유통의 왕이라 불리는 헤르조그 남작과 예술수집가이자 박물관 소유주인 루드비히 에른스트로 압축되었다. 두 사람 모두 막대한 부를 쌓은 백만장자였다.

토론은 결론을 내리지 못했고 결국 내기로 이어졌다. 우리는 이 내기의 최종 결정을 내리기에 적합한 사건이 생기기만을 잠자코 기다렸다.

그러다 마침내 적십자 모금으로 그런 기회가 찾아왔다. 모금 활동을 하던 적십자 직원이 두 사람과 우연히 마주친 것이다. 적십자 직원이 먼저 헤르조그 남작에게 모금함을 내밀자 그는 지갑에서 가장 낮은 액수의 동전을 꺼낸 뒤 느긋한 동작으로 모금함에 던져 넣었다.

그리고 드디어 모두가 고대하던 결정의 순간이 찾아왔다. 과연 루드비히 에른스트는 성금으로 얼마나 내놓을 것인가? 아주 잠시 고민한 에른스트는 모금원에게 싱긋 미소 지으며 아주 당연하다는 듯이 말했다.

"보다시피 우리는 동행이에요. 그러니까 방금 넣은 성금이 두 사람분이죠!"

비망록 VI

▶▷

정치인이 지닌 가치를 사들이고 그가 직접 부여한 가치를 그에게 되파는 것이 이 세상에서 가장 위대한 투자다.

▶▷

한 정부가 폭력 없이 국가를 운영하면서 금융 질서마저 유지하기 위해서는 매우 교활해야 한다.

▶▷

국유화와 완전한 자유의 차이를 설명하기란 몹시 단순하다. 다시 말해 감옥과 정글의 차이다.

▶▷

정치에서 공정을 부르짖는 많은 이가 실제로는 질투심에 휩싸여 있다.

▶▷

언젠가 프랑스의 유명한 정치인이자 언론인이었던 조르주 클레망소(Georges Clemenceau)는 "전쟁은 몹시 심각한 사안이라 군인에게만 맡겨 놓을 수 없다"고 말했다. 그와 마찬가지로 경제 역시 몹시 심각한 사안이기에 교수와 경제학자들에게만 맡겨 놓을 수는 없다.

▶▷

자본주의 서구의 정세는 위태롭지만 절망적이진 않다. 반면 공산주의가 이끄는 동구의 정세는 위험하지는 않지만 절망적이다. 그런 소련의 동맹국에는 에스파냐 출신의 이탈리아 귀족 집안 보르자가(Borgia家) 시대에 주로 쓰던 말 "교황의 부엌에서 먹는 사람은 죽는다(Qui mange du Pape en meurt)!"를 인용할 수 있다.

▶▷

인민 공화국에서 사람이 태어날 때는 동등하지만 몇 년만 지나면 더는 그렇지 못하다.

▶▷

가치가 영원히 지속되는 통화는 없다. 항상 최고일 것만 같은 돈조차 언젠가는 초라해진다. 루블화는 단지 그렇게 선택되었기에, 애초에 태어났을 때부터 초라하다.

▶▷

많은 자산가가 자산을 축적하는 데 인생의 3분의 1일 보내고, 그 재산을 지키는 데 3분의 1을 보내며, 마지막 3분의 1은 누구에게 그 재산을 물려줄지 고민하며 보낸다.

▶▷

막대한 재산은 토끼만큼 부끄러움이 많다. 위험을 감지하는 순간 그대로 사라져 버린다.

▶▷

경제정책에서 말하는 올바른 과세란 현실에 대한 순응일 뿐이다.

▶▷

독일인은 돈의 간계에 맞서지 못한다. 낭만주의자, 철학자, 음악가의 민족이지만 불행히도 돈에 관해서는 낭만적이지 못하고 철학적 경향을 잃어버리며 환상만을 좇는다.

▶▷

옛말에 최후의 1만 굴덴만을 남긴 남자는 이성을 잃어버리기 마련이라고 했다. 이에 빗대어 나는 독일 예금주들이 최초의 1만 마르크에도 이성을 잃는다고 주장하고 싶다.

▶▷

경제란 가르칠 수 없는 것으로 직접 경험하고 살아남아야 한다.

▶▷

경제전문가란 눈을 가린 채 칼을 휘두르는 검투사다.

▶▷

국가 파산? 금융 위기? 그에 대한 답변은 단 하나뿐이다.

"아무것도 아닌 일에 시끄럽게 유난을 떠는 것!"

▶▷

인플레이션은 곧 채권자의 지옥이자 채무자의 천국이다.

▶▷

인플레이션은 민주주의, 더 정확히 말하자면 선동정치로 인해 치러야 하는 대가다. 그 어떤 국회도 인플레이션에 맞설 엄격한 조치를 과감히 시도하지 못한다.

▶▷

주식시장에서 아무리 오랜 경험을 쌓은 투자자라도 모든 걸 잃어버릴 수 있다. 다행히도 경험만큼은 절대로 잃어버리지 않는다.

Chapter 18

밖에서 안으로

André Kostolany

집에 머물 때는

내 집은 어디일까? 적어도 10개 도시에 내 집이 있다. 그것도 서쪽에서 동쪽까지.

뉴욕

매일 매 순간 이 신세계의 정중앙에 서서 새로운 것을 배우고 경험한다. 언제나 한 손은 금융시장의 손맥에 대고 있지만, 동시에 음악과 국제 예술 및 문화를 즐긴다.

런던

언제나 영국인의 성격에 감탄하며, 내가 몸소 체험했던 격동의 1940년대가 떠오른다.

"그건 항상 영국이 될 것이고, 영국은 자유로우리라(It will

always be an England, and England will be free)."

당시 끊임없이 귓가에 들리던 노래였다. 그곳에 남은 세계 제국의 잔재를 느끼며 극장을 방문한다.

파리

거리를 산책하고, 센강의 가두서적상을 살피며, 주변에 진열된 장식처럼 구경거리를 보며 감탄한다. 카페테라스에서 친구들과 토론을 하고, 거리 공연을 관람한다.

코트다쥐르[26]

'달콤한 게으름(Dolce far niente)' 혹은 프랑스인들이 말하듯 '삶의 기쁨(La joie de vivre)'.

이곳에서는 프로방스 전통시장을 방문하고 푸른 하늘을 관찰한다.

로마와 베니스

그저 입을 다물고 감탄하며 꿈꾼다. 바포레토[27]를 타고 대운

---

26 프랑스 남동부, 지중해 연안의 휴양지

27 소형증기선

하에서 산마르코 광장의 '스타지오네(Stazione)'까지 왕복한다(뱃값 50페니히). 그런 뒤 세계에서 가장 아름다운 대로의 모습을 담으며 몇 시간이고 플로리안 카페에 앉아 여유를 즐긴다.

취리히

방문할 때마다 부모님의 묘지를 참배하는 곳

제네바

평화와 차분함을 만끽하며, 스위스 국기 정중앙의 백십자를 존경의 눈으로 바라본다.

뮌헨

제자들과 담소를 나누는 '지혜로운 랍비'처럼 지난 시절과 증권가의 일화를 들려준 후 지금 벌어지는 사건에 관한 견해를 나눈다. 틈틈이 오페라와 여러 콘서트장도 찾는다.

빈

집에 있는 기분이다. 언어, 음악 그리고 음식까지! 옛 코너, 놀이터, 거주지를 찾아보며 추억에 잠긴다.

마르셀 프루스트의 흔적

프랑스 작가인 마르셀 프루스트(Marcel Proust)가 살면서 두 번이나 작성했다던 이 설문지는 특히 프랑스 살롱에서 가장 인기 있는 유희였다. 《프랑크푸르터 알게마이네 차이퉁》은 주간지 매거진에 이 칼럼을 연달아 게재했다. 그리고 1983년 6월 16일, 마침내 나의 차례가 되어 내가 성심껏 작성한 답변과 내 사진이 신문에 수록되었다.

행여 허영심으로 비칠까 고민되어 이 책에 수록할지를 두고 한참 망설였다. 그렇지만 이 설문 내용은 무엇보다 내가 가장 중요하게 생각하는 근본 신념을 반영하기도 하고, 몇몇 답은 나의 특징을 보여 준다고 판단했기에 이런 고민을 내려놓고 설문 내용 전체를 소개하겠다.

Q. 당신에게 가장 큰 불행은 무엇인가?

A. 서서히 내가 사랑하는 사람들이 떠나는 일

Q. 어디에 살고 싶은가?

A. 내가 사랑하는 사람들과 함께 주변 경관이 아름다운 곳에서

Q. 당신에게 완전한 지상의 행복이란 무엇인가?

A. 내면의 평화

Q. 당신이 가장 빨리 인정하는 실수는 무엇인가?

A. 금전 문제에 관한 무책임한 행동

Q. 가장 좋아하는 소설 주인공은?

A. 돈키호테, 셜록 홈스, 치치코브[28], 유대인 쥐스

Q. 역사에서 좋아하는 위인은?

A. 소크라테스, 키케로, 탈리랜드, 테오도르 헤르츨

---

28 〈망령(Die toten Seelen)〉의 주인공

Q. 현실에서 당신이 가장 좋아하는 여 주인공은?

A. 나를 감당할 자신이 있는 숙녀들

Q. 문학작품에서 당신이 가장 좋아하는 여 주인공은?

A. 〈장미의 기사(Rosenkavalier)〉의 마르샬린

Q. 좋아하는 화가는?

A. 브뤼헐, 고야, 툴루즈-로트렉 그리고 인상주의 화가들

Q. 좋아하는 작곡가는?

A. 몬테베르디에서 밤꾀꼬리까지 모두

Q. 남자에게 있어 무엇보다 중요하다고 생각하는 자질은?

A. 주인이 되는 것

Q. 여성을 볼 때 가장 중요하게 생각하는 성향은?

A. 매력과 지성(교양의 경계까지)

Q. 가장 선호하는 미덕은?

A. 관용과 관대함

Q. 가장 좋아하는 활동은?

A. 음악 감상하며 생각하기

Q. 다른 누군가가 될 수 있다면 무슨 일을 하고 싶은가?

A. 재능있는 음악가. 적어도 오페라 감독

Q. 당신이 지닌 성격의 가장 큰 특성은?

A. 나 자신을 진지하게 생각하지 않는 것

Q. 교우관계에서 가장 중요하게 생각하는 가치는?

A. 신뢰

Q. 당신이 저지른 가장 큰 실수는?

A. 참지 못하고 화를 버럭 내며 공격적인 태도를 보였을 때

Q. 당신은 어떤 사람이 되고 싶은가?

A. 계속 건강하고, 행복하고, 침착한 사람

Q. 선호하는 색상은?

A. 파랑과 초록

Q. 좋아하는 꽃은?

A. 라일락과 제비꽃

Q. 좋아하는 새는?

A. 바그너의 오페라 〈지크프리트〉 2악장에 등장하는 새

Q. 좋아하는 작가는?

A. 셰익스피어, 리히텐베르크, 샹포르(Chamfort), 쇼렘 알레이켐(Scholem Aleichem)

Q. 좋아하는 시인은?

A. 하이네, 에드거 앨런 포, 베를렌(Verlaine), 페퇴피(Sándor Petőfi)

Q. 현실에서 당신이 존경하는 인물은?

A. 페넬로페, 헬렌 켈러, 골다 메이어(Golda Meir)

Q. 선호하는 이름은?

A. 내 부모의 이름인 루드비히와 코넬리아

Q. 가장 혐오하는 것은?

A. 협박꾼, 허풍쟁이, 졸부

Q. 실제 역사에서 가장 경멸하는 인물은?

A. 세 명이 있는데 맞춰 보시길…

Q. 당신이 가장 감탄하는 군사적 업적은?

A. 히틀러의 국방군을 무너트린 일

Q. 당신이 가장 감탄을 금하지 못한 개혁은?

A. 절대 실현되지 않을 통화개혁

Q. 태어나면서 얻고 싶은 타고난 재능이 있다면?

A. 소나타의 첫 10소절을 작곡하는 능력

Q. 당신이 바라는 죽음은?

A. 평온하게 잠드는 것

Q. 당신의 좌우명은?

A. 몽테뉴의 말처럼 "Que sais-je(나는 무엇을 아는가)?"

Chapter 19

내가 교수직을 맡으면 안 될 이유라도 있을까?

André Kostolany

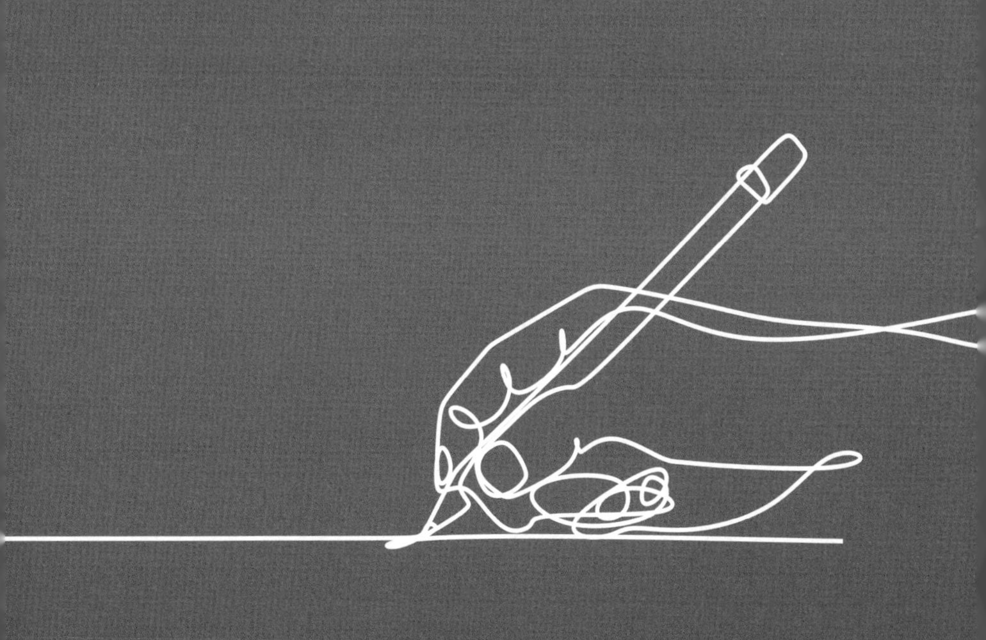

월 스트리트의 피에스타

투자자란 무엇인지와 관련해 나는 이 자유 시장경제에서 투자자가 그 기능을 제대로 인정받기를 감히 기도한다. 나는 증권업자가 소위 전 세계에 흩어져 있는 프리메이슨 연맹처럼 다국적 가문의 소속인 경우도 직접 경험한 바 있다. 때로는 투자에 참여하고 때로는 관망한 끝에 얻은 깨달음이다. 증권업자 두 명이 만나면 무엇에 관한 대화를 나눌까? 당연히 증권시장 이야기일 것이다. 이 주제는 흡사 절대 마르지 않는 샘 같다. 해가 지날수록 수많은 대화와 토론이 이어졌지만, 주식시장에 대한 나의 열정은 조금도 사그라지지 않았다. 30년간 나는 때때로 중개인을 통해 유선상으로 매수와 매도 주문을 넣는 방식에만 국한되지 않은, 다양한 주식투자 활동을 추구하며 승승장구했다. 그러던 어느 날 쉽게 잊히지 않는 실패가 찾아왔다.

1962년 겨울, 월 스트리트는 온통 축제 분위기로 들뜬 상태였다. 증권업자에게도 참으로 행복한 나날이 이어졌다. 당시 미국의 투자 열풍은 절정에 달해 있었기에 주머니를 가득 채우기 위해 많이 고민할 필요도 없었다. 그저 오늘 사고 내일 팔고, 또 모레 다시 사는 일만 반복하기만 해도 주머니는 두둑해졌다. 거기에 운이 따라 새로 발행된 주식 매수에 성공한다면 이는 복권 당첨이나 마찬가지였다. 오전에 10달러였던 주가가 오후가 되면 20달러 혹은 30달러로 뛰어올랐다. 새로 발생한 주식의 지분을 얻은 행운아 목록에 이름을 올리려면, 우선 매니저 부인이 다니는 단골 미용실의 헤어디자이너와 친하게 지내야 한다는 소문이 나돌 정도였다.

어느 한 천재적 지휘자가 이끄는 오케스트라의 선율에 매혹되어 버린 청중은 나날이 늘어났고, 그들은 그 선율을 좇아 이 야단법석한 마녀의 춤에 빠져들었다. 가히 신흥 자본가들의 걸작품이라 할 만한 복합 기업들은 나날이 번창했다. 증권회사들도 대단한 능력을 갖춘 중개인을 무려 10만 명이나 고용하며 전력을 다했다. 중개인 대다수가 손에서 수화기를 놓질 못했다. 왜냐하면 전화 한 통화로 그 자리에서 신주 500~1,000주를 팔 수 있었기 때문이다. 물론 새로 발행되는 주식은 모두를 달아오르게 할 만큼 몹시 뜨거웠다. 심지어 잘못 손가락을 댄 고객들이 화상을 입을 정도로 그 열기가 대단했다.

그렇지만 중개인과 금융종사자의 숫자는 여전히 부족했다. 라디오와 언론 매체를 통해 모집 광고가 연일 이어졌다. 날마다 주식 거래가 폭등했고 연일 새로운 기록을 경신했다. 증권회사는 밤샘 작업을 하면서까지 고객 유치에 몰두했지만 그들의 욕구는 전혀 충족되지 않았다.

1929년을 떠올리게 하는 이 과열된 분위기는 어느 정도 필요에 의한 것이었다. 이런 도취 상태가 있어야 일반 대중에게 공중누각 주식이건 달나라 부동산이건 가릴 것 없이 팔 수 있기 때문이다. 그 결과가 바로 1962년 대참사로 막을 내린 유명한 증권 거래 붐이었다.

자본주의 요새를 뚫지 못한 입사 지원

당시 대형 증권회사 중 하나가 매일 광고 방송을 통해 신입 사원, 다시 말해 '호객꾼'을 모집했다. 자극적인 문구를 사용하며 증권회사의 지점에서 행운을 잡으라고 부추기며 구직자들을 유혹했다. 30일간의 연수 과정 후 곧바로 사무직에 배치되어 신입 중개인으로 고객의 투자를 직접 관리하게 될 거라 했다.

"아니, 저런…."

광고를 접한 나는 혼자 중얼거렸다.

'저건 딱 봐도 내게 맞춤인데. 내가 요청한 것도 아닌데 저들이 나서서 내 자만심을 부추기고 있지 않나? 내게는 내 몸무게만큼의 금과도 바꾸지 않을 엄청난 경험이 있지 않던가? 그러니 증권학에 관한 학과의 교수직을 맡는다고 한들 하등 뭐가 부족하겠어?'

끝내 그 자리에 입성하지 못한 것이 내 영혼 깊숙이 작은 상처로 남아 있다. 그리고 그 상처는 내 자부심이 다치거나 타인에게 인정받지 못할 때마다 욱신거렸다.

광고 방송이 너무 매혹적이었던 탓에 갑자기 나 자신을 테스트해 보고 싶다는 강한 충동에 휩싸였다. 비록 대학의 교단에는 서지 못했지만—단골 커피숍에서 나눈 토론과 대화가 전부였지만—분명 증권회사라면 내게 걸맞은 자리를 찾아 줄 것만 같았다. 고정 급료로 내 값진 경험을 대우해 주고, 내게 합당한 위치를 찾아 줄 거라 생각했다. 실제로 미국에서는 딱히 직업이나 직책을 대지 못하면 색안경부터 끼고 보는 경향이 있었다. 솔직히 나는 내가 다닐 기업의 이름과 월 스트리트 주소와 전화번호가 박힌 명함을 가질 자격이 충분하다고 생각한다.

결국 나는 결심을 굳혔다. 광고를 낸 업체에 내 지식과 능력을 쏟아붓고, 여태껏 쌓은 내 경험을 공유할 마음의 준비를 끝마쳤다. 내 미래의 상사가 면접에서 깜짝 놀랄 광경을 머릿속으로 그리면서 즐겁기까지 했다. 면접에서 그들은 단순히 내 이론적 지식에 놀라는 것을 넘어 동시에 주식투자 철학에 관한 강연을 듣게 될 것이다.

이런 내 야심 찬 예상과는 달리 상사들은커녕 일반 직원들의 얼굴조차 보지 못했다. 대기실에 들어서자마자 나타난 사환이 내 얼굴에 질문지를 불쑥 내밀었기에 면접을 보는 임원은 만날 기회도 없었다. 내게 시선도 두지 않고 질문지에 답변을 채우라고 무덤덤하게 말한 사환은 며칠 후 개별 통지가 있을 거라고만 전했다.

그가 건넨 질문지에는 과거 이력과 자격을 묻는, 틀에 박힌 질문으로 가득했다. 하나같이 유치원 보모나 운전기사를 모집하는 수준처럼 느껴졌다. 나는 뭔가 찜찜한 기분으로 작성한 질문지를 사환에게 건넸다. 순간 딴 세상에 떨어진 기분이 들었다. 불투명한 미래에 안절부절못하던 열여덟 살 그때로 돌아간 것만 같았다.

솔직히 그 순간 살짝 불안했다는 걸 부정하지는 않겠다. 이 거대한 미국에서, 그것도 누가 매달 중개수수료를 얼마나 벌어들이는지로 그 사람을 판단하는, 냉혹하고 무자비한 월 스트리트에 콤플렉스가 있었던 탓이다. 그때까지 난 소위 프로듀서란(producer)란 호칭이 영화 산업에만 있는 줄 알았다. 그러나 이곳 월 스트리트에서는 중개수수료를 일궈내는 브로커를 '프로듀서'라고 불렀다. 과연 월 스트리트는 나를 받아들일까, 거부할까? 사환이 아무 말 없이 내가 건넨 질문지를 받고 돌아서자 나는 다소 넋이 빠진 기분으로 돌아왔다.

인파가 가득한 피프스애비뉴(Fifth Avenue)에 들어선 후에야 난 비로소 자신감을 되찾았다. 새 직장에서 지낼 계획마저 차근차근 세워 나갔다.

야심 찬 계획은 결국 물거품이 되어 버렸다. 며칠 후 불합격이라는 통지서가 날아온 것이다. 아쉬운 마음을 금할 길이 없으나 관련 업무 경험 부족으로 당장은 날 채용할 수 없다는 내용이었다. 더불어 추후에 채용할 가능성도 배제할 수 없으니 절대 포기하지 말고 다시 지원하라는 조언이 덧붙여져 있었다.

이쯤에서 실소를 머금었을 독자들의 표정이 그려진다. 하지만 독자들의 생각은 틀렸고 회사의 판단이 옳았다. 회사 입장에서 보면 내가 경제 및 금융 전체의 판세를 판단할 능력을 갖췄는지 아닌지는 그리 중요하지 않았던 것이다. 내가 아무리 동시대 사람들 중 증권거래 경험이 풍부하고, 정치 · 경제적 사건들과 주식시장에서 벌어지는 상관관계를 정확히 파악하고, 시세 흐름을 판단하는 예리한 감각의 소유자라 한들 그들에게 그게 무슨 소용이란 말인가?

이런 능력 전부가 회사의 관심 밖 문제였다. 회사에서 필요로 하는 인재란 소소한 카드 게임이 일상인 노부인을 증권사무실로 꼬드겨 카드놀이 테이블이 아니라 증권시세 표시기 앞에 앉혀

놓고, 카드 게임 대신 주식투자 게임을 부추기거나 우유배달원 또는 가정주치의에게 신규 발행 주식을 떠안기며 중개수수료를 챙길 줄 아는 사람이었던 것이다.

내 강단은 단골 카페 탁자로 남다

솔직히 그 분야에 관한 경험이 전무하다는 건 달리 부정할 수 없는 사실이다. 그 증권회사는 나를 정확하게 판단했다. 지금도 나는 회사에서 바란 수준을 충족시키지 못했을 것이다. 진정 월 스트리트에서 근무하며 생활하기로 결정했다면 애초에 다른 방법들을 습득했어야 했다. 나는 그렇게 이 자본주의의 요새에서 자본가들에게 인정받는 일에서도, 고정 수입을 확보하는 일에서도 고배를 마셨다. 수년간의 풍부한 경험이라는 과실을 가지고 있으면서도 말이다.

그럼에도 나는 증권거래소를 통해 풍족한 삶을 살았다. (물론 이건 또 다른 문제다.) 순전히 노동이 아닌 나의 책략과 모험 덕이었다. 내게 돈 벌 기회를 제공한 건 자본가가 아닌 자본주의 체제 그 자체였다. 그것이 내가 스스로 주식 전문가의 무적함대를 수호하는 군인으로 남은 이유이기도 하다. '공동 설계자'이든 사회에 없어서는 안 될 식객이든 전부 자유로운 시장경제의 구성원이기 때문이다. 나에게 있어 증권시장과 투자는 늘 새로운 자극을 선사하는 주제였다.

전 세계 여러 커피숍에서 주식투자, 통화, 정치, 경제에 관한 강연을 계속 이어 온 것도 그런 맥락에서였다. 지난 40년간 뉴욕, 파리, 로마, 제네바, 뮌헨, 빈 그리고 공산주의 체제 아래 부다페스트 등지에서 정기적으로 공연을 펼쳤다. 강단은 비록 초라한 커피숍 탁자였을지 몰라도 내 강의의 진정성과 열정은 변함이 없었다.

태양은 절대 저물지 않는다

지난 10년간 최적의 주식투자 및 증권시장 차트와 과학적 대차대조표 분석에 관한 강연을 지속적으로 펼쳐 왔다. 나 역시 여러 대학에서 초청받은 인기 강연자였다. 그러나 공식적으로 정규직을 제안한 대학은 없었기에 나는 증권학과 증권시장 동향 예측에 관한 나만의 독자적인 세미나를 개최했다. 내 생각과 이론을 전달하는 통로가 되어 준 저널리스트 활동과 더불어 커피숍 세미나를 통해 그렇게나 염원했던 교단에 대한 갈증이 해소되었다.

세미나의 성공에 도움을 준 사건이 있었다는 사실 또한 인정해야만 한다. 1970년대를 강타한 극적인 주식 폭락과 달러 문제가 바로 그 주역이었다. 증권가의 어린 사자들 눈에는 1960년대의 낙관적 심리에 취해 있던 우리 베테랑들이 마냥 어리석어 보였을 것이다. 주식시장에서 성공적인 투자 운용과 훌륭한 투자 자문가로 거듭나려면 이제는 전반적인 동향에 따라 젊고 공격적인 시각으로 그 어떤 경험에도 구애받지 않을 수 있어야 했다. 사소한 비판에도 미소 지을 수 있는 여유가 필요했다. 그런 시대에서 나이 든 동료가 건네는 조언이나 경고를 귀담아들을 젊은 투자 자문가가 있기나 할까?

신동으로 불리던 그들은 작년에 내린 눈처럼 사라져 버렸다. 증권기관과 개인 투자자들이 돌연 우리 구역으로 몰려온 것이다. 노년의 베테랑 투자자들은 경영학 혹은 유사 사이비 학문을 공부하지 않았음에도 재조명받고 있다. 사실 우리가 학문을 수학한 곳은 (정글이란 표현을 피하자면) '인생이란 대학'이었다. 그 어떤 컴퓨터도, 그 어떤 학문의 공식도 지난 몇 십 년간의 경험을 대체할 수는 없기에 우리가 직접 나서서 책임져야 할 부분이 조금씩 발견되고 있다.

이제 독자가 나에게 스스로 증권학의 교수라는 칭호를 붙일 만한 자격이 있는지, 없는지를 결정해야 할 때가 왔다. 어쨌거나 난 침몰하는 세상에 마지막 남은 모히칸이다.

초반에 언급했듯 많은 은행가와 학계, 공식 증권 분석가들이 내 이론을 거부하는 정도는 아니라 해도 혹독하게 비판한다는 걸 나도 잘 알고 있다. 하지만 나는 전혀 개의치 않는다. 그렇기에 난 내 이야기를 우리 자본주의 체제와 증권시장에 맞서는 주적, 마르크스가 『자본론』이라는 대표 저서를 집필하도록 영감을 준 13세기 이태리의 시인, 단테 알리기에리의 말을 인용하며 끝맺으려 한다.

'너의 길을 걸어라, 남이 뭐라고 떠들든 그냥 내버려 둬라 (Segui il tuo corso, e lascia dir le genti)!'

이것이 마르크스와 이 코스톨라니의 생각이 일치하는 유일한 지점일 것이다.

André Kostolany

코스톨라니의 투자노트

초판 1쇄 발행 2021년 07월 09일
2쇄 발행 2022년 12월 16일

지은이 앙드레 코스톨라니
옮긴이 한윤진
편집 선우지운, 이상혁
디자인 강희연

펴낸곳 여의도책방
인쇄 ㈜재능인쇄
출판등록 2018년 10월 23일(제2018-000139호)
주소 서울시 영등포구 국제금융로6길 33, 11층
이메일 esangbook@lsinvest.co.kr

ISBN 979-11-970746-8-4 (03320)

• 여의도책방은 ㈜퓨처서비스의 출판 브랜드입니다.

• 잘못되거나 파손된 책은 구입한 서점에서 바꾸어 드립니다.
• 책값은 뒤표지에 있습니다.